成功企业管理制度与表格典范丛书

人力资源管理必备制度与表格典范

杨宗岳　吴明春◎编著

企业管理出版社

图书在版编目（CIP）数据

人力资源管理必备制度与表格典范 / 杨宗岳，吴明春编著. — 北京：企业管理出版社，2020.6

ISBN 978-7-5164-2133-8

Ⅰ.①人… Ⅱ.①杨… ②吴… Ⅲ.①企业管理—人力资源管理 Ⅳ.①F272.92

中国版本图书馆CIP数据核字（2020）第063403号

书　　名	人力资源管理必备制度与表格典范
作　　者	杨宗岳　吴明春
责任编辑	张　羿
书　　号	ISBN 978-7-5164-2133-8
出版发行	企业管理出版社
地　　址	北京市海淀区紫竹院南路17号　　邮编：100048
网　　址	http：//www.emph.cn
电　　话	发行部（010）68701816　　编辑部（010）68701891
电子信箱	80147@sina.com
印　　刷	水印书香（唐山）印刷有限公司
经　　销	新华书店
规　　格	170毫米×240毫米　16开本　16.25印张　310千字
版　　次	2020年6月第1版　2020年6月第1次印刷
定　　价	68.00元

版权所有　翻印必究·印装错误　负责调换

PREFACE 前　言

　　成功的企业，其生存和发展能力都非常强，有的甚至维持上百年长盛不衰。企业之所以成功，原因之一是这些企业通常都聚集了一群优秀的管理者，而这些优秀的管理者又是靠什么来实现管理的呢？很简单，他们靠的是灵活运用管理方法、管理技能、管理体系、管理文书、管理流程等管理工具，进行科学的、规范的管理。

　　企业管理制度是企业员工在企业生产经营活动中须共同遵守的规定和准则的总称。企业管理制度的表现形式或组成包括企业组织机构设计、职能部门划分及职能分工、工作岗位说明、专业管理制度、工作方法或流程、管理表单等管理制度类文件。纵观成功的企业，自身无不拥有完善的管理制度、流程、表格体系，在制度化、流程化、表格化管理方面堪当表率。

　　任何企业的管理都是一个系统工程，要使这个系统正常运转，实现高效、优质、高产、低耗，就必须运用科学的方法、手段和原理，按照一定的运营框架，对企业的各项管理要素进行规范化、程序化、标准化设计，形成有效的管理运营机制，即实现企业的规范化管理。

　　企业管理制度主要由编制企业管理制度的目的、编制依据、适用范围、管理制度的实施程序、管理制度的编制形成过程、管理制度与其他制度之间的关系等因素组成，其中属于规范性的因素有管理制度的编制目的、编制依据、适用范围及其构成等；属于规则性的因素有构成管理制度实施过程的环节、具体程序，控制管理制度实现或达成期望目标的方法及程序，形成管理制度的过程，完善或修订管理制度的过程，管理制度生效的时间，与其他管理制度之间的关系。

　　企业管理制度是企业管理制度的规范性实施与创新活动的产物，通俗地讲，企业管理制度＝规范＋规则＋创新。一方面，企业管理制度的编制须按照一定的规范来进行，企业管理制度的编制在一定意义上讲也是企业管理制度的创新，企业管理制度的创新过程就是企业管理制度文件的设计和编制，这种设计或创新是有其相应的规则或规范的。另一方面，企业管理制度的编制或创新是具有规则的，起码的规则就是结合企业实际，按照事物的演变过程，依循事物发展过程中内在的本质规律，依据企业管理的基本原理，实施创新的方法或原则，进行编制或创新，形成规范。

为了帮助企业完善制度体系，我们组织相关专家、学者编写了"成功企业管理制度与表格典范丛书"，本套丛书包括8个管理模块，每个模块独立成书。具体为：《行政管理必备制度与表格典范》《客户管理必备制度与表格典范》《企业内控管理必备制度与表格典范》《人力资源管理必备制度与表格典范》《营销管理必备制度与表格典范》《安全管理必备制度与表格典范》《财务管理必备制度与表格典范》和《供应链管理必备制度与表格典范》。

本套丛书最大的特点是具有极强的实操性和可借鉴性，它提供了大量的制度、表格范本，所有的范本都是对成功企业制度的解读，可供读者参考。

本套丛书可以作为企业管理人员、工作人员、培训人员在制定本企业管理制度时的参照范本和工具书，也可供企业咨询师、高校教师和专家学者做实务类参考指南。

由于编者水平有限，加之时间仓促、参考资料有限，书中难免出现疏漏与缺憾，敬请读者批评指正。

CONTENTS 目 录

第一章 组织架构设计 1

第一节 组织架构设计管理要领 2
一、组织架构设计原则 2
二、组织架构设计程序 2

第二节 组织架构设计管理制度 3
一、公司组织架构管理制度 3
二、集团职级序列管理办法 9
三、人力资源部岗位责任制度 14

第三节 组织架构设计管理表格 17
一、职位系列分类及行政级别对应表 17
二、职级职等对应关系表 17
三、职级职等申请表 18
四、员工职级调整表 18

第二章 人力资源规划管理 21

第一节 人力资源规划管理概要 22
一、人力资源规划的内容 22
二、人力资源规划的程序 22

第二节 人力资源规划管理制度 23
一、人力资源总体规划办法 23
二、员工职业发展管理办法 32

第三节 人力资源规划应用表格 39
一、管理人才需求预测表 39
二、管理人才配置需求预测表 40
三、职能专业人才配置需求预测表 40
四、业务专业人才配置需求预测表 41
五、生产技术专业人才配置需求预测表 41
六、公司人才需求总量预测表 41
七、公司人才能力需求表 42
八、公司人才分布现状报表 42
九、目前人力资源需求预测表 43
十、未来人力资源需求预测表 43
十一、未来人力资源流失预测表 43
十二、整体人力资源需求预测表 44
十三、员工技能清单 44
十四、人力资源净需求评估表 45
十五、人力资源净需求表 45
十六、员工职业生涯规划表 46
十七、员工能力开发需求表 49

第三章 员工招聘管理 51

第一节 员工招聘管理要点 52
一、员工招聘的管理原则 52
二、员工招聘的实施步骤 52

第二节 员工招聘管理制度 54
一、员工招聘管理办法 54
二、新员工试用期管理办法 57
三、新员工转正管理制度 59

第三节 员工聘用管理表格 61
一、人力资源需求申请表（增员） 61
二、人力资源需求申请表（补员） 62
三、人力资源需求申请变更单 63
四、部门年度人力需求计划表 63

五、年度人力需求计划报批表 64
　　六、招聘计划表 64
　　七、应聘者电话沟通记录表 65
　　八、招聘情况反馈分析表 66
　　九、面试通知书 66
　　十、录用决定审批表 67
　　十一、背景调查电话交流记录表 68
　　十二、入职审批表 68
　　十三、面试评价量表 69
　　十四、新员工报到手续表 70
　　十五、试用期第＿＿月份综合评估表 72
　　十六、新员工转正申请表 72
　　十七、试用期员工考核表 73
　　十八、试用期员工转正面谈表 74
　　十九、试用期员工转正通知书 74
　　二十、续聘人员汇总表 74

第四章　员工培训管理 75

第一节　员工培训管理要领 76
　　一、员工培训的实施步骤 76
　　二、员工培训的组织管理 77

第二节　员工培训管理制度 77
　　一、公司培训体系管理制度 77
　　二、内部培训师管理制度 87

第三节　员工培训管理表格 89
　　一、公司级培训教材目录 89
　　二、公司年度培训计划表 90
　　三、部门级培训教材目录 90
　　四、部门年度培训计划表 91
　　五、培训心得报告 91
　　六、员工培训考核结果记录表 92
　　七、新员工入职培训引导表 92

八、员工培训申请表 ... 93
九、员工培训记录表 ... 94
十、员工外部培训申请表 ... 94
十一、外部培训协议书 ... 95
十二、培训签到表 ... 95
十三、内部讲师自荐/推荐表 ... 96
十四、内部讲师评选评估表 ... 97
十五、讲师年度考核表 ... 97
十六、讲师培训效果评估表 ... 98
十七、培训效果评价表 ... 99
十八、培训效果考核表 ... 100
十九、培训费用支出申请表 ... 100

第五章　员工考勤与纪律管理 ... 101

第一节　员工考勤管理要领 ... 102
一、考勤管理方法和措施 ... 102
二、纪律处分的相关细则和种类 ... 103

第二节　员工考勤与纪律管理制度 ... 104
一、员工考勤管理办法 ... 104
二、员工劳动纪律管理规定 ... 109
三、员工奖惩管理办法 ... 115

第三节　员工考勤与纪律管理表格 ... 119
一、考勤表 ... 119
二、请假条 ... 119
三、未打卡补签申请表 ... 120
四、批量补卡申请表 ... 120
五、休假申请表 ... 120
六、出差申请表 ... 121
七、员工奖惩建议申请表 ... 122
八、员工奖惩月报表 ... 122
九、员工奖励建议书 ... 123
十、员工违纪处罚单 ... 123

十一、奖惩意见书 124
　　　十二、纪律处分通知书 124
　　　十三、奖惩登记表 125
　　　十四、员工奖罚明细表 125

第六章　员工异动管理 127

第一节　员工异动管理要点 128
　　　一、员工升职管理 128
　　　二、员工降职管理 128
　　　三、员工平调管理 128
　　　四、员工辞职管理 129

第二节　员工异动管理制度 130
　　　一、员工晋升管理办法 130
　　　二、岗位轮换管理制度 135
　　　三、员工内部调动管理办法 136
　　　四、员工辞职、辞退（开除）管理办法 138
　　　五、员工离职管理规定 141

第三节　员工异动管理表格 143
　　　一、员工晋升申请表 143
　　　二、晋升考核评估表 144
　　　三、管理职务晋升推荐表（主管及以上人员适用） 145
　　　四、员工晋升综合素质与能力考核表（主管人员适用） 146
　　　五、员工晋升综合素质与能力考核表（普通员工适用） 147
　　　六、工作岗位轮换申请表 148
　　　七、岗位人员轮换登记表 149
　　　八、员工工作岗位轮换登记卡 149
　　　九、员工工作岗位调动审批表 150
　　　十、内部调整通知单 150
　　　十一、调换工种申请表 151
　　　十二、调换工种通知单 151
　　　十三、内部调动通知单 151
　　　十四、员工离职申请表 152

十五、公司员工辞退、除名申请单 152
十六、员工离职手续签收单 153
十七、员工离职、调岗工作交接清单 153
十八、员工离职资料移交清单 154
十九、离职员工沟通记录 155
二十、员工离职面谈表 155
二十一、员工辞退通知书 156

第七章　绩效考核与激励管理 157

第一节　绩效考核与激励管理要点 158
一、绩效考核的实施过程及原则 158
二、员工激励手段及原则 159

第二节　绩效考核与激励管理制度 160
一、绩效考核管理办法 160
二、员工激励管理制度 170

第三节　绩效考核与激励管理表格 177
一、绩效计划表 177
二、高层管理人员绩效考核直接上级评分表（年度） 177
三、高层管理人员周边绩效同级考核评分表（年度） 178
四、高层管理人员管理绩效直接下级考核评分表（年度） 178
五、高中层管理人员能力考核评分表（年度） 179
六、中层管理人员绩效考核直接上级评分表（季度） 180
七、中层管理人员管理绩效直接下级考核评分表（季度） 180
八、中层管理人员周边绩效同级考核评分表（季度） 181
九、基层人员绩效、态度考核直接上级评分表（季度） 181
十、基层人员态度考核同级评分表（季度） 182
十一、基层人员能力考核评分表（年度） 182
十二、员工绩效评述表 183
十三、客户评价/绩效记录表 184
十四、绩效面谈记录表 184
十五、员工绩效考核面谈记录表 185
十六、绩效评估沟通记录表 185

十七、员工绩效评估申诉表 186
十八、绩效考核申诉处理记录表 187
十九、员工绩效考核结果处理表 187
二十、绩效改进计划表 188
二十一、员工绩效评估结果汇总表 188
二十二、部门半年绩效考评汇总表 189

第八章 员工薪酬福利管理 191

第一节 员工薪酬管理要领 192
一、薪酬管理的基本原则 192
二、薪酬管理的实施步骤 192

第二节 员工薪酬福利管理制度 193
一、员工薪酬管理制度 193
二、员工福利管理规定 199

第三节 员工薪酬福利管理表格 204
一、员工薪资登记表 204
二、员工工资明细表 204
三、生产计件工资明细表 205
四、计件工资每日报表 205
五、计件工资调整报告单 205
六、员工调薪申请表 206
七、薪资变动申请表 206
八、职务薪金调整申请表 207
九、薪金调整通知单 208
十、工资预算表 208
十一、员工抚恤申请表 208
十二、员工婚（丧）补贴申请表 209
十三、员工重大伤病补助申请表 209
十四、员工福利金申请表 210
十五、津贴申请表 210
十六、企业员工保险月报表 211
十七、企业员工住房公积金月报表 211

第九章　员工关系管理 213

第一节　员工关系管理要领 214
一、员工关系管理的内容 214
二、员工关系管理的完善措施 214

第二节　员工关系管理制度 216
一、员工关系管理办法 216
二、劳动关系管理办法 220
三、员工申诉制度 225
四、员工沟通管理办法 227
五、员工满意度调查管理规定 231

第三节　劳动关系管理表格 236
一、劳动合同签收单 236
二、劳动合同续签审核表 236
三、员工劳动合同签收备案表 237
四、劳动合同签订、变更登记表 237
五、员工解除、终止劳动合同审批表 238
六、签订劳动合同通知书 238
七、续签劳动合同通知书 239
八、终止（解除）劳动合同通知书 239
九、终止（解除）劳动合同证明书 240
十、劳动合同管理台账 241
十一、员工申诉书 241
十二、员工座谈会月问题改善跟进表 242
十三、员工满意度调查问卷 242

第一章

组织架构设计

第一节 组织架构设计管理要领

一、组织架构设计原则

企业组织架构的设计一般应遵循以下四项原则：

1. 指挥统一原则

指挥统一原则是指一个下级人员只能接受一个上级的命令。

2. 控制幅度原则

一般的管理跨度比较合适的是五六个人。越是到基层，管理的跨度就越大；越是到高层，管理的跨度就越要变小。

3. 分工原则

分工原则就是要保证组织架构内各个职务分工必须清晰，而且保证各个岗位之间不会混淆，各岗位及各部门各司其职。

4. 部门化原则

部门化原则就是把分工所产生的专业技术人员集中于一个部门，由一个经理人来领导，以减少人才的浪费。

二、组织架构设计程序

企业组织架构的设计一般按照以下几个程序进行：

1. 职能分析

组织架构的设计应在确定管理职能及其结构的基础上，进行层层分解，将具体内容细化到各项管理业务和日常工作中，最后进行管理业务的总体设计。

2. 组织结构框架设计

组织结构框架是需要对各个管理层次和部门、岗位及其责任权利进行设计。具体以企业组织系统图的形式来进行。

3. 联系方式设计

联系方式的设计是指层级之间和部门之间需要进行渠道控制、信息交流、综合反馈、协调等方式和制度的设计。

4. 管理规范设计

需进行管理工作流程、管理工作标准和管理工作方法的设计，以作为管理人员的行为规范。

5. 人员配备和培训的设计

根据结构设计的具体内容，定质定量地配备各级各类管理人员。

6. 运作制度的设计

设计管理部门和工作人员绩效考核制度，应以工资奖励和精神鼓励制度两种形式进行设计。

7. 反馈和修正设计

管理人员将运行过程中的信息及时进行反馈，定期或不定期地对上述设计进行必要地修正，以达到设计的合理性、规范性、时效性。

第二节 组织架构设计管理制度

一、公司组织架构管理制度

标准文件		公司组织架构管理制度	文件编号	
版次	A/0		页次	

1. 目的

为了更好地完善企业管理工作，明确企业管理组织程序，达到提高企业经营效率的目的，特制定本管理制度。

2. 适用范围

本制度适用于公司组织机构的管理模式、功能、程序、部门和岗位设置、职责等企业内部的管理运作。

3. 职责

3.1 公司组织管理制度由管理部负责制定，管理部负责根据公司的发展需要，对公司组织架构图进行编制、修订、发布、检查，并根据组织架构的设置，制定各部门的职责及岗位职责，以及工作流程等。

3.2 所有相关部门配合管理部做好公司组织架构的管理工作，并根据组织机构所规定的部门职责及岗位职责的要求做好本职工作。

4. 组织架构管理办法

4.1 组织架构图

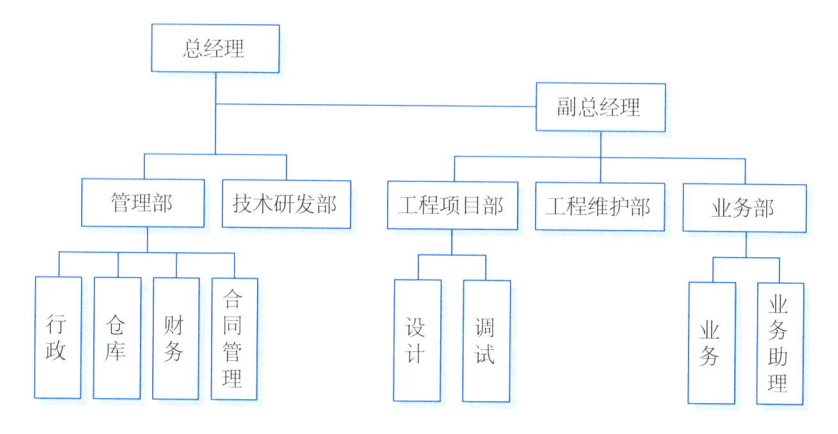

```
                        总经理
                          │
                        副总经理
         ┌────────┬────────┼────────┬────────┐
       管理部  技术研发部 工程项目部 工程维护部 业务部
      ┌─┬─┬─┐                ┌─┬─┐         ┌──┬──┐
      行 仓 财 合              设 调         业  业
      政 库 务 同              计 试         务  务
              管                             员  助
              理                                 理
```

4.2 组织架构设置

4.2.1 公司组织机构在总经理的领导下，设立总经理负责制；

4.2.2 公司组织管理层分为高层、中层、基层三个层次；

4.2.3 根据组织架构管理原则设置以下部门及岗位：

（1）高层：总经理、副总经理。

（2）中层：部门主管。

（3）部门：管理部、技术研发部、工程项目部、工程维护部、业务部。

4.2.4 部门设置的功能。

（1）管理部：负责收集和建立公司的各项行政管理制度，并对各项管理制度实施情况进行检查和修订。

（2）技术研发部：负责公司的技术研发。

（3）工程维护部：负责公司产品的维护、退换货及客诉的处理。

（4）工程项目部：负责公司项目的安装指导、调试，下设调试和设计两个分部。

（5）业务部：负责公司项目的业务开拓和应收账款的追踪，分别设有业务员和业务助理。

5. 部门职责、岗位职责

5.1 总经理职责

5.1.1 负责公司全面经营管理工作。

5.1.2 制订公司发展规划，组织实施公司经营计划和投资方案。

5.1.3 组织实施公司内部人事、财务经营管理的设置方案。

5.1.4 组织实施公司章程。

5.1.5 公共社会关系处理。

5.1.6 负责公司采购管理工作。

5.1.7 负责公司管理人员的任免。

5.2 副总经理职责

5.2.1 在总经理的领导下，负责公司日常管理工作。

5.2.2 负责公司经营计划的实施并监督各部门计划落实情况。

5.2.3 负责检查各项制度的落实情况。

5.2.4 负责制订公司业务开拓计划并监督实施。

5.2.5 负责公司工程项目的管理并指导监督各部门主管的工作情况。

5.2.6 负责公司项目、维护以及业务人员的聘用、培训、考核、奖惩、降级、辞退等。

5.2.7 负责配合总经理做好其他相关方面的工作。

5.3 管理部职责

5.3.1 在总经理的领导下，负责管理部的日常管理工作。

5.3.2 负责建立公司的各项管理制度，并对制度的实施情况进行检查和修订。

5.3.3 负责公司的行政、人事管理工作。

5.3.4 负责公司员工考勤及工资核定。

5.3.5 负责公司的办公用品采购和管理。

5.3.6 负责公司档案管理工作。

5.3.7 负责公司外来人员的接待。

5.3.8 负责公司对外事务的联络。

5.3.9 协助其他部门做好行政事务的处理。

5.3.10 负责公司会议安排。

5.3.11 负责公司财务管理。

5.3.12 负责公司仓库管理。

5.3.13 负责公司合同管理。

5.4 行政（人事）职责

5.4.1 负责公司员工的聘用、培训、考核、奖惩、晋升、降级、离职等相关工作。

5.4.2 负责公司员工薪资和福利的分配与发放。

5.4.3 负责公司员工的考勤、卫生、安全等。

5.4.4 负责公司会议的召集、记录及会议决议的监督执行。

5.4.5 负责公司办公用品的管理与发放，并对公司财产进行管理。

5.4.6 负责公司行政文件的打印、复印、整理和归档。

5.4.7 负责公司日常文件的起草，表单的制作。

5.4.8 负责公司对外事务及证件的办理。

5.4.9 协助处理总经理、副总经理临时交办的其他事项。

5.5 财务职责

5.5.1 根据合法、合规、有效的原始凭证，编制记账凭证。

5.5.2 做好明细台账的登录、核对工作。

5.5.3 根据管理需要，提供各种管理报表所需要的资料。

5.5.4 根据财务规定审核收（付）款凭证，及时办理货款支付及报销费用的现金支出。

5.5.5 认真做好货款及其他款项的回收工作，确保应收款金额准确无误，避免工作失误给公司造成损失。

5.5.6 必须遵守结算制度，收到货款及时核对并转入指定账户，不准坐支货款，确保资金安全。

5.5.7 遵守银行结算制度，不得利用公司账户为其他单位和个人套取现金，不准出借公司账户。

5.5.8 根据收（付）款凭证，每日进行台账登记、银行存款每日记入台账。

5.5.9 所有账目要月清日清，每日核对库存资金，确保资金安全。

5.5.10 每月对银行存款日记账与银行对账单进行核对，编制未达账项调节表。

5.5.11 在财务管理方面为仓库提供业务上的指导和监督。

5.6 合同管理职责

5.6.1 负责公司所有项目合同的借（存）档管理。

5.6.2 负责公司已竣工项目合同的存档管理。

5.6.3 负责公司所有项目合同收款计划的管理。

5.6.4 负责依据项目合同和工程进度制订采购计划。

5.6.5 负责建立合同档案资料。

5.7 仓管职责

5.7.1 负责产品设备系列的标识和入库、出库控制。

5.7.2 负责定期组织仓库物资的盘点和核对工作，并上报主管。

5.7.3 负责妥善保管贮存库存记录并保证其完整、准确、信息及时可靠。

5.7.4 负责仔细核对入（出）库产品的名称、数量、规格等相关信息，并登记上账。

5.7.5 利用已有标识或新加标识和使用卡片标签等，标明物品规格、型号、名称与数量，做到账、卡、物一致，并放置在规定区域。

5.7.6 负责产品退（换）货的管理工作。

5.7.7 其他部门应配合仓库做好管理工作。

5.8 技术研发部职责

5.8.1 负责公司代理产品性能的实验工作。

5.8.2 负责公司工程软件系统的研发工作。

5.8.3 负责公司项目的自控、消防、安防、网络布线等相关技术的开发与应用。

5.8.4 负责公司项目部和工程维护部的技术支持。

5.8.5 负责搜集行业技术的发展动向，为公司的经营决策提供数据支持。

5.8.6 负责技术文件的管理和保密工作。

5.9 工程项目部职责

5.9.1 负责工程项目的分析和安装系统设计。

5.9.2 负责工程项目的产品安装指导说明。

5.9.3 负责工程项目的调试工作。

5.9.4 负责工程项目的进展追踪。

5.9.5 负责与施工方的事务联络。

5.9.6 负责工程现场的考察工作。

5.9.7 负责做好工程项目的资料管理工作。

5.9.8 负责定期做好工程项目的进展情况并总结和汇报工作。

5.9.9 负责做好工程项目的调试记录，应详细记录客户名称、具体地址、联系方式、调试日期、产品调试情况等相关信息，要求施工方负责人确认签字，并交上级主管评定存档。

5.9.10 调试时发现产品有问题，应及时与公司联系，确保公司产品及时补货、供货。

5.9.11 负责完成上级交代的其他任务。

5.10 工程维护部

5.10.1 工程竣工验收后，负责与工程项目部做好项目的衔接和移交工作。

5.10.2 负责建立工程项目维护的档案，兑现公司对客户服务的承诺。

5.10.3 负责工程现场维护，对需要上门的服务，应及时赶赴现场处理各种故障，出发前要携带相关检测工具和备品配件。

5.10.4 负责做好工程维护的记录，应详细记录客户名称、具体地址、联系方式、维护日期、产品维护期限等相关信息，查清存在的问题和故障原因，以上内容登记清楚后，汇报上级主管并存档。

5.10.5 负责对损坏产品进行鉴定和说明原因，并及时做相应的维护处理，包括与甲方的沟通及责任判定，产品的换货处理等。

5.11 业务部职责

5.11.1 在副总经理的领导下，负责公司业务运作。

5.11.2 负责公司业务管理工作，并建立相关制度。

5.11.3 负责业务人员的培训及管理。

5.11.4 负责做好产品推广和推销工作。

5.11.5 负责制订市场开拓计划，完成公司下达的项目量目标。

5.11.6 负责公司应收账款的回收工作。

5.11.7 负责建立和完善客户资料的管理。

5.11.8 负责业务员的绩效考核。

5.12 业务员职责

5.12.1 在副总经理的领导下，负责业务开拓工作。

5.12.2 负责完成公司下达的业务指标。

5.12.3 定期做好周计划、月计划报表并及时上报。

5.12.4 负责做好业务活动的配合事项。

5.13 业务助理职责

5.13.1 在副总经理的领导下，负责业务部的日常事务性工作。

5.13.2 负责处理本部门与其他部门之间的工作关系。

5.13.3 负责做好业务会议的通知、记录及整理。

5.13.4 负责收集业务人员的业务计划。

5.13.5 负责收集、整理市场信息，及时反馈给相关部门。

5.13.6 负责对所服务过的客户进行追踪。

5.13.7 负责客诉处理。

5.13.8 做好公司的发货工作及退换货处理。

5.13.9 协助其他部门做好客户服务的管理。

6. 其他

6.1 根据公司设置的组织管理原则，对每个部门的具体人员采用工作内容具体分解表，清晰每个人员的职责、岗位说明，同时确定主要工作和职责内容及其他具体工作细项内容等，这样就可以明确公司每位人员的工作分工及内容，若人员变动就可以直接调整工作分解表。

6.2 根据公司的发展需要，将定期对组织机构及岗位、部门内容作出调整，并对本制度进行修订，重新发布。

| 拟定 | | 审核 | | 审批 | |

二、集团职级序列管理办法

标准文件		集团职级序列管理办法	文件编号	
版次	A/0		页次	

1. 目的

为规范员工管理，力求和谐公平；明确职业等级，提供员工成长空间；规范职务名称管理，为员工职业生涯发展创造条件；实现员工内部管理的合理区分，便于对外业务交往，特制定本办法。

2. 适用对象

所有纳入××集团有限公司体系的员工，即与××集团有限公司签订正式劳动合同的所有员工。

3. 管理规定

3.1 职级职务体系构成

3.1.1 公司职级职务体系由职等、职级、职位构成。

3.1.2 职等和职级是为了满足公司人力资源管理而细分的等级，体现不同的工作责任、复杂性与难度、资历条件及能力水平；职位指为某一序列的某一职级所赋予的特定称谓，是一系列工作和任务的集合。每位员工原则上对应唯一的职等、职级和职位。

3.1.3 公司职级职务体系是根据管理需要结合公司现阶段发展特点、行业特点，以及未来人力资源管理进一步要求作出的规划。员工自身的能力及绩效，承担的职责及责任，对公司的贡献及价值，是确定员工职级和职级工资的主要依据。公司将逐步建立与职级职务体系相匹配的绩效激励机制。

3.1.4 公司职级职务体系共分为6个职级、16个职等、2大序列职位。

3.1.5 员工设定为6个职级，如下表所示。

员工职级表

职级编号	职级名称
G1	总裁级
G2	副总裁级
G3	部门总经理级
G4	职能经理级
G5	主管级
G6	助理级

3.1.6 两大序列即管理序列与技术序列职级管理。

3.1.7 管理序列是指具有明确的管理职责和一定的管理幅度，主要负责组织的领导、决策、计划、指挥、控制、协调和人员管理等职能的职位。管理序列对本公司的业绩负有主要责任。

3.1.8 技术序列主要是指在一个或多个专业技术领域内，从事对专业理论、知识技能或实践经验有一定要求的专业技术工作的职位。专业技术序列较高级对较低级职位在专业技术领域内具有一定的管理、决策和指导的权限。技术序列主要包括9类：规划类、设计类、工程类、策划类、销售类、财会类、审计类、法律类、人力资源类。

3.1.9 职级与职等设定对应关系（见下表），员工在担任某职务时须满足最低职级要求。

职级职等对应关系表

职级编号	职级名称	职等	管理序列	专业序列
G1	总裁级	1	总裁	—
G2	副总裁级	2	常务副总裁	总××师
		3	高级副总裁	
		4	副总裁	
		5	总裁助理	
G3	部门总经理级	6	总经理	首席××师
		7	副总经理	资深××师/员
		8	总经理助理	
G4	职能经理级	9	高级经理	高级××师/员
		10	经理	
		11	副经理	××师/员
		12	经理助理	
G5	主管级	13	高级主管	高级××专员
		14	主管	××专员
G6	助理级	15	—	××助理/员
		16	—	辅助人员

3.1.10 原则上，担任管理职务的员工不同时担任技术职务。若出现兼任情况，该员工的职级依管理职务等级决定。

3.2 管理序列说明与规定

3.2.1 职务说明。

基于管理需要而设立，承担管理团队和培养人才的职责，具有行政决策权，负责目标制定与分解，人员分工；指导下属，保有并培养骨干；进行业绩考核并据此进行奖惩。管理序列人员对团队整体工作结果负责。管理序列人员总数不能超过公司总人数的 ×%。

3.2.2 管理序列员工任职资格。

（1）依据部门工作性质和工作量，设置经理、副经理。

（2）内部人才流动及职务晋升，须同时符合相关任职资格的规定。

（3）当年入职的职员，绩效成绩必须为良好以上。入职一年以上的职员，当年绩效成绩为良好的，上一年绩效成绩必须为良好以上；当年绩效成绩为优秀的，上一年绩效成绩必须为合格以上。

3.2.3 管理序列员工晋升。

（1）试用期转正后的正式员工，符合相应管理序列层级的能力要求。

（2）最近两个季度的个人考核成绩须在良好以上。

（3）已任命但绩效不符合条件者，给予一定绩效改进期；若改进期满仍未达到岗位要求，则根据程序取消任命。

（4）晋升分为职位晋升和职等晋升。职等晋升和职位晋升可以同时进行，也可以只晋升职等而不晋升职位。

（5）晋升试岗期为 × 个月。

3.2.4 管理序列员工降职。

（1）管理序列员工在本岗位连续两个考核周期出现"合格"以下评级，公司有权对该员工职级进行下调。

（2）管理序列员工在本岗位超过或连续两个考核周期出现"合格"以下评级，公司有权力对该员工进行调岗或者予以解除劳动合同。

3.3 专业序列说明与规定

3.3.1 职务说明。

依据职员在其工作领域的专业水准和专业贡献设立，具有专业决策权，对专业工作品质和进度负责。承担以下责任：发现并解决工作过程中的专业难题；为其他职员提供专业指导与支持，就具体技术问题指导实际操作者。

3.3.2 专业序列员工任职资格。

（1）符合相应专业序列层级的能力要求。

（2）专业系列各层级无胜任人员则空缺。

3.3.3 专业序列员工晋升。

（1）G1和G2层级的专业人员，最近两年绩效成绩至少为良好及以上。

（2）G3层级的专业人员，最近一年绩效成绩须为良好或以上且保持稳定。

（3）G4层级的专业人员，最近连续两年绩效成绩至少为合格及以上。

（4）晋升分为职位晋升和职等晋升。职等晋升和职位晋升可以同时进行，也可以只晋升职等而不晋升职位。

（5）晋升试岗期为三个月。

3.3.4 专业序列员工降级。

（1）专业序列员工在本岗位连续两个考核周期出现"合格"以下评级，公司有权对该员工职级进行下调。

（2）专业序列员工在本岗位超过连续两个考核周期出现"合格"以下评级，公司有权力对该员工进行调岗或者予以解除劳动合同。

3.4 职级管理权限

集团各职位按照职级管理权限进行职级管理，如下表所示。

职级管理权限表

权限职级	职级名称	组织评议权限	审批/发布权限
G1	总裁级	董事会	董事长
G2	副总裁级	人力资源中心、高管层	董事长
G3	部门总经理级	人力资源中心、分管领导	董事长
G4	职能经理级	人力资源中心、分管领导、部门总经理	董事长
G5	主管级	人力资源中心、分管领导、部门总经理	人力资源中心分管领导、用人部门分管领导
G6	助理级	人力资源中心、分管领导、部门总经理	人力资源中心分管领导、用人部门分管领导

3.5 职级评定

3.5.1 员工初次定级。

（1）员工初次定级，由人力资源中心会同用人单位负责人根据对员工的了解和判断，提出初定职级的意见。

（2）新聘员工在试用期满后应及时确定职级。若遇特殊情况则经主管领导同意后，方可适当延长定级时间。

（3）员工初次定级应从严掌握评定标准。

（4）新入职应届本科毕业生职等原则上定为15级，应届硕士毕业生职等原则上定为14级，应届博士毕业生职等原则上定为12级。

3.5.2 原则上依据以下维度评估员工：

（1）能力与绩效：评估员工学历、职称、工作经验、专业能力、业务专长以及绩效表现等因素。

（2）职责与责任：评估员工目前所承担工作对公司运营所产生的影响大小（范围、性质、程度），工作复杂性、工作强度及是否承担人员管理的责任等。

（3）贡献与价值：评估员工对公司的贡献、员工在市场的稀缺程度、在公司内部的可替代程度等。

3.5.3 管理序列与专业序列的相互转换。

（1）管理序列员工转换为专业序列员工原则上同级别转换。

（2）专业序列员工转换为管理序列员工原则上降低一个级别转换，待其在管理岗试用合格之后再提升；若员工确有管理经验者则可同级转换。

3.6 职级调整

3.6.1 每年年末进行员工职级例行调整，须履行书面程序（员工职级调整审批表），经审批后发布（与现有的《员工异动管理制度》相结合）。

3.6.2 各部门职级分布情况须报备集团人力资源中心，以保证集团整体合理的人力资源结构，职级分布参考下表。

职级分布参考表

职级	G1	G2	G3-4	G5-6
比例	≤ 1%	≤ 4%	≤ 20%	≥ 75%

3.7 职务名称管理程序

3.7.1 集团人力资源中心负责建立"职位系列分类及行政级别对应表"，并进行动态维护。

3.7.2 员工使用"职位系列分类及行政级别对应表"中列示的职务名称，由集团人力资源中心负责决定；如果拟使用的职务名称不在列表中，可向集团人力资源中心申请核定。

3.7.3 员工的职务名称在公司内部通常定位于管理和专业序列其中之一，特殊情况可申请另外的职务名称，但仅限于对外交往使用，并报备集团人力资源中心。

拟定		审核		审批	

三、人力资源部岗位责任制度

标准文件		人力资源部岗位责任制度	文件编号	
版次	A/0		页次	

1. 目的
为建立和完善人力资源部的工作程序、岗位职责，使部门工作更加灵活高效，规范、明晰部门的日常工作，特制定本制度。

2. 适用范围
本制度适用于公司对人力资源部岗位职责进行管理的相关事宜。

3. 行政工作的岗位职责

3.1 负责本部门的行政管理和日常事务；协助总经理搞好各部门之间的综合协调、落实公司规章制度、沟通内外联系，保证上情下达和下情上报，负责对会议文件决定的事项进行催办、查办和落实；负责全公司组织系统及工作职责研讨和修订。

3.2 负责贯彻公司领导指示，做好联络沟通工作，及时向领导反映情况、反馈信息；综合协调各部门的工作；检查和督办有关工作。

3.3 负责公司各项规章制度的修订、制定、发布及检查监督。

3.4 按工作程序做好与相关部门的横向联系，并及时对部门间争议提出界定要求。

3.5 及时准确传达上级指示；受理下级上报的合理化建议，按照程序处理。

3.6 负责对员工劳动保护用品定额和计划管理的工作。

3.7 组织和安排公司会议，或会同有关部门筹备相关重要活动，做好会议记录，整理各项会议纪要，并将相关的会议任务传达到相关部门，并跟踪落实到位。

3.8 负责公司来往文件和信函的收发、登记、传阅、拟办；做好公文的拟订、审核、印刷、传递、催办和检查，及文书档案资料的归档立卷管理工作。

3.9 做好公司历年大事记的原始资料收集和编纂工作，定期或不定期编辑公司简讯、简报或内部发行的软文。

3.10 负责公司办公用品的管理，包括公司办公用品的采购联审、发放、使用登记、保管、维护管理工作；负责打印机、复印机、电话、计算机的管理和使用。

3.11 负责公司车辆调度、管理、维修、保养工作；监督各部门有计划地安排用车，满足公司业务用车的合理要求。

3.12 指定专人负责本部门文件资料的保管和定期归档工作。

3.13 配合并协助其他部门的工作，做好公司资料的备案、保存工作。

3.14 公司所需物质的申购与发放，及有关资料的制作与保存。

3.15 公司印章与证照的管理。

4. 人力资源工作的岗位职责

4.1 建立公司考勤制度、人力资源用工制度、人力资源管理制度、岗位设置申报、岗位工资申报、劳动纪律管理等条例，经批准后组织实施。

4.2 负责公司人力资源管理工作，制定有关人力资源的政策和规章制度，经批准后组织实施。

4.3 负责人力资源方面的工作程序和规章制度、实施细则的培训、执行和检查。

4.4 总结人力资源部工作情况和相关数据，收集分析公司人力资源、劳资信息并定期向总经理提交报告。

4.5 负责人员的招聘、录用、辞退、考核和奖罚工作，确保人员的准入和退出机制完善。

4.6 负责制定公司岗位编制，协助公司各部门有效地开发和利用人力需求，满足公司的经营管理需要。

4.7 负责在公司内外搜集有潜力的和所需的人才信息并组织招聘工作。

4.8 审批经人力资源部核准的过失单和奖励单，并安排执行。

4.9 关心员工的思想情感、工作、生活。

4.10 组织员工绩效考核工作并负责审查各项考核、培训结果。

4.11 人员考核：主要负责工作考核、满意度调查、研究工作绩效考核系统和满意度评价系统；制定纪律奖惩制度，以工作职责来制定绩效考核标准。通过这些活动可以公平决定员工的地位和待遇，可以促进人力资源开发和合理利用，并且提高和维持企业经营的高效率。

4.12 负责核定各岗位工资标准，做好劳动工资统计工作，负责对日常工资、加班工资的报批和审核工作，办理考勤、奖惩、差假、调动等工作。

4.13 接待求职员工并进行解说，办理员工入职、请假、辞职手续。

4.14 人力资源档案的管理、用工合同的签订。

4.15 协助财务和各部门做好考勤和排班工作。

5. 劳资工作的岗位职责

5.1 负责拟定公司薪酬制度和方案，建立行之有效的激励和约束机制。

5.2 做好员工每月考勤统计工作，管理好员工的考勤及工资结算工作。

5.3 审批公司员工薪酬表，报总经理核准后转会计部执行。

5.4 制定合理的薪酬福利制度，按劳付酬，论功行赏，通过报酬、保险和福利等手段对员工的工作成果给予肯定和保障。

5.5 做好员工社保参（退）的审批工作。

5.6 受理员工投诉和员工与公司劳动争议事宜并及时解决。

6. 总经理办公室的工作岗位职责

6.1 对公司发展规划部门的工作提出意见和建议。

6.2 收集、分析、整理相关政策资料，并定期向经理办公会议报告。

6.3 经理办公会议的组织、会议记录、记录整理归档等工作。

6.4 根据经理办公会议，下发公司级文件。

6.5 协助经理草拟公司级规章制度。

6.6 做好经理办公室接待工作。

6.7 做好经理、经理助理的后勤服务工作。

6.8 配合总经理做好其他的相关工作。

7. 法务工作的岗位职责

7.1 严格遵守劳动法及地方政府劳动用工政策和公司劳动管理制度，负责招聘、录用、辞退工作，组织签订劳动合同，依法对员工实施管理。

7.2 负责公司保密工作及法律事务，妥善保管和正确使用公司印章和介绍信。

7.3 宣传协调和处理公司在经营过程中涉及的法律方面事宜。

7.4 熟悉相关法律，能较好地对涉及法律事务方面的问题作出有说服力的解释，并具有较好地处理实际问题的能力。

7.5 提供与公司经营、管理有关的法律咨询、法律建议。

7.6 协助洽谈、指导签订相关合同、协议。

7.7 协助处理公司诉讼、非诉讼纠纷等。

7.8 各类日常业务合同范本制定及已签订合同管理。

8. 企业文化工作的岗位职责

8.1 配合其他部门做好员工的思想工作，解决、调解员工纠纷和员工违纪处理工作。

8.2 强调企业精神，创建公司的企业文化。企业文化不但能反映出企业生产经营活动中的战略目标，群体意识价值观念和道德规范，还能凝集企业员工的归属感、积极性和创造性，引导企业员工为企业和社会的发展而努力。

8.3 塑造企业形象。

8.3.1 企业精神形象。它对员工有强大的凝聚力、感召力、引导力和约束力，能增加员工对企业的信任感、自豪感和荣誉感。

8.3.2 企业环境形象。创造良好的企业环境，是企业生产经营活动顺利进行的前提和基础。而充分认识企业环境的特征又是创造良好企业环境的基础。

8.3.3 企业员工形象。良好的员工素质和形象，是企业形象的重要构成要素，也是企业文化的具体落实。员工良好的仪表装束、言谈举止、工作能力、科学文化水平、精神风貌、工作效率等都会给社会公众一个整体的印象。

8.3.4 为丰富员工文化生活，组织安排各种文体活动和旅游活动。

拟定		审核		审批	

第三节 组织架构设计管理表格

一、职位系列分类及行政级别对应表

职位系列分类及行政级别对应表

行政级别	总裁级	副总裁级	副总经理级		总监级			部长级			副部长级			高级主管级				主管级				员工级
级别代码	A1	B1	B2	C1	C2	C3	D1	D2	D3	E1	E2	E3	F1	F2	F3	G1	G2	G3	G4	H1	H2	H3	H4	I（初/中/高）
岗位级别																								

二、职级职等对应关系表

职级职等对应关系表

职级编号	职级名称	职等	管理序列	专业序列
G1	总裁级	1		
G2	副总裁级	2		
		3		
		4		
		5		
G3	部门总经理级	6		
		7		
		8		

续表

职级编号	职级名称	职等	管理序列	专业序列
G4	职能经理级	9		
		10		
		11		
		12		
G5	主管级	13		
		14		
G6	助理级	15		
		16		

三、职级职等申请表

职级职等申请表

申请人		申请时间		入司时间		申请职级	
学历		部门		原职级			
申请理由自述：							
上级主管意见： 签名： 日期：			人力资源部意见： 签名： 日期：			总经理意见： 签名： 日期：		

四、员工职级调整表

员工职级调整表

姓名		出生年月		性别		学历	
部门		职务		专业		入司时间	
手机		电子邮箱				合同到期日	

续表

工号			现职级		拟调整职级	
公司内部职务变动	年 月至 年 月			中心／部门及职务		
近1—2年绩效考核成绩（按照考核周期）						
申请理由			请申请人拟写申请说明，作为本表附件			
提名人意见			请从拟晋升职级的要求及申请人的态度、能力、业绩等方面阐述提名人意见，并保证所写内容真实、可靠，对公司负责，对工作负责，对申请人负责。			
			签名：		日期：	
人力资源中心审核						
			签名：		日期：	
部门分管副总裁审核						
			签名：		日期：	
人力资源中心分管副总裁审核						
			签名：		日期：	
董事长审批						
			签名：		日期：	

第二章

人力资源规划管理

第一节　人力资源规划管理概要

一、人力资源规划的内容

1. 预测未来的组织结构

企业经营环境的变化，以及生产流程和技术的更新、新服务项目的产生等，将影响整个企业的组织结构，因此企业必须对未来的组织结构进行预测评估。

2. 晋升规划

晋升规划包括晋升比例、平均年薪、晋升时间、晋升人数等指标。对于企业来说，应有计划地提升有能力的员工，以满足职务对人的要求。

3. 补充规划

补充规划是人力资源政策的具体体现，目的是合理填补组织中长期内可能产生的职位空缺。补充规划与晋升规划是密切相关的。

4. 培训开发规划

培训开发规划的目的，是为企业中长期所需弥补的职位空缺事先储备人员。

5. 调配规划

企业组织内的人员在未来职位的分配，是通过有计划的人员内部流动来实现的。这种内部的流动计划就是调配规划，如调岗、轮岗、人力使用计划等。

6. 工资规划

工资规划的目的是确保未来的人工成本不超过合理的支付限度。未来的工资总额取决于企业组织内的员工是如何分布的，因为不同分布状况的人工成本有很大的差异。

二、人力资源规划的程序

在规划人力资源时，一般可按照以下几个步骤进行：

1. 收集有关信息资料

这些信息包括：企业的战略计划、各部门的计划、人力资源现状、行业经济形势、技术的发展情况、劳动力市场、政府的有关政策等。

2. 人力资源需求预测

即预计全年的用工量。一般来说，企业的产量与人员是成正比的，预计今年的产品销售量则可以预计今年的用人量。

3. 人力资源供给预测

可以根据劳动力、人才市场的形势来进行预估。如找工作的高峰在什么时候出现、该岗位是否还具备吸引力等。

4. 确定人力资源净需求

通过预计人力资源需求，如人员流失量，从而预估企业全年的人力资源净需求量。

5. 编制人力资源规划

人力资源规划要涉及职务管理、人员需求、人员供给、绩效考评等一系列计划。

6. 实施人力资源规划

编制好了规划，剩下的工作就是等实施规划了。实施时未必完全按照计划执行，但也不能偏离得太远。

7. 人力资源实施评估

在实施过程中，可以对规划的实施难度进行评估，从而再修改规划，使人力资源规划尽量接近实际。

第二节 人力资源规划管理制度

一、人力资源总体规划办法

标准文件		人力资源总体规划办法	文件编号	
版次	A/0		页次	
1. 目的 　　为了规范公司的人力资源规划工作，科学地预测、分析公司在环境变化中的人力资源供给和需求情况，制定必要的政策与措施，以确保公司在需要的时间和					

需要的岗位上获得各种需要的人才，从而保证战略发展目标的实现，根据公司的有关规章制度，特制定本办法。

2. 适用范围

适用于公司人力资源规划工作。

3. 权责部门

人力资源部是人力资源规划的主要管理部门，其他职能部门、业务部门负责配合人力资源规划工作，具体工作分工如下：

3.1 人力资源部

3.1.1 负责公司人力资源规划的总体编制工作。

3.1.2 负责公司人力资源规划的组织工作。

3.1.3 负责制定公司人力资源规划的工作程序。

3.1.4 负责确定公司人力资源规划的预测方法。

3.1.5 负责公司人力资源规划所需数据的收集和确认。

3.1.6 负责对公司各部门的人力资源规划提供帮助和指导。

3.2 其他职能部门、业务部门

3.2.1 在人力资源部的领导下负责本部门的人力资源规划编制工作。

3.2.2 负责向人力资源部提供本部门初步的人力资源规划。

3.2.3 向人力资源部提供进行人力资源规划所需的历史和预测数据。

4. 管理规定

4.1 基本原则

人力资源规划应该遵循以下原则：

4.1.1 人力资源保障原则：人力资源规划工作应有效保证对公司人力资源的供给。

4.1.2 与内外部环境相适应原则：人力资源规划应充分考虑公司内外部环境因素以及这些因素的变化趋势。

4.1.3 与战略目标相适应原则：人力资源规划应与公司战略发展目标相适应，确保两者相互协调。

4.1.4 系统性原则：人力资源规划要反映出人力资源的结构，使各类不同人才恰当地结合起来，优势互补，实现组织的系统性功能。

4.1.5 企业和员工共同发展的原则：人力资源规划应能够保证公司和员工共同发展。

4.2 人力资源规划程序

一个典型的人力资源规划程序为：企业外部环境和企业内部环境分析→人力资源需求预测→人力资源供给预测→确定人力资源净需求→人力资源方案的制订。

4.3 人力资源需求预测

4.3.1 基本规定。

（1）人力资源需求预测是指为实现公司既定目标，根据公司的发展战略和发展规划，对预测期内所需员工数量和种类进行估算。

（2）人力资源需求预测分为现实人力资源需求预测、未来人力资源需求预测和未来人力资源流失预测。具体说明如下表所示：

人力资源需求预测的分类

序号	类别	具体说明
1	现实人力资源需求预测	现实人力资源需求预测是指根据公司目前的职务、编制水平，对人力资源现状和人员配置情况进行盘点和评估，在此基础上，确定现实的人力资源需求
2	未来人力资源需求预测	未来人力资源需求预测是指根据公司的发展战略和业务发展规划对预测期内公司所需人员数量、种类和条件做出预测
3	未来人力资源流失预测	未来人力资源流失预测是指在综合考虑公司退休和人员离职情况的基础上对预测期内的人员流失情况做出预测

（3）人力资源需求预测是一项系统工作，各部门必须在人力资源部的组织下积极参与。

（4）人力资源需求预测涉及多种因素，各部门在预测中应灵活采用定性预测方法和定量预测方法，并在实际执行中对预测结果不断进行修正。

4.3.2 现实人力资源需求预测预测。

（1）公司现实人力资源需求预测按下图所示的几个步骤进行：

第一步	根据工作分析的结果，确定目前的职务编制水平和人员配置
第二步	进行人力资源盘点，统计出人员的超编、缺编情况以及是否符合职务资格要求
第三步	人力资源部将上述统计结果与各部门管理者进行讨论，对统计结果进行修正
第四步	该统计结果为现实人力资源需求

（2）人力资源部应当在工作分析的基础上确定公司目前的职务编制水平，并将相应的职务说明书作为确定各岗位工作职责和任职资格的标准。

（3）人力资源部应在每年的年中和年终对公司人力资源状况进行盘点，对照现实职务编制水平，统计出人员的超编和缺编情况。同时，根据职务说明书确定的岗位任职资格要求和历次绩效考核结果，统计出不符合职务资格要求的数据。

（4）人力资源部将上述结果进行汇总，填写"现实人力资源需求预测表"，即为初步的现实人力资源需求预测。

（5）人力资源部将初步的现实人力资源需求预测结果与各部门管理人员进行讨论，根据实际情况做进一步修正。

（6）修正后，人力资源部应根据最后的统计结论重新填写"现实人力资源需求预测表"。

4.3.3　未来人力资源需求预测。

（1）公司未来人力资源需求预测采取自上而下预测和自下而上预测相结合的方式进行。

（2）公司未来人力资源需求预测按下图所示的几个步骤进行：

第一步	对可能影响人力资源需求的管理和技术因素进行预测
第二步	根据企业的发展战略和业务发展规划，确定预测期内每年的销售收入、项目数量等因素
第三步	根据历史数据，初步确定预测期内总体人员需求以及各部门、各岗位的人员需求
第四步	各部门根据增加的工作量并综合考虑管理和技术等因素的变化，确定需要增加的岗位及人数
第五步	将上述两个步骤所得的统计结论进行平衡和修正，即得到未来人力资源需求预测

（3）在进行人力资源规划内外部环境分析时，推荐使用PEST分析方法、波特五力分析法、SWOT分析方法。

（4）人力资源内外部环境分析由战略投资部负责，其他部门配合。

（5）人力资源部在进行未来人力资源需求预测时，需首先对以下几个问题做出预测：

① 行业的发展趋势是什么？这种趋势对公司的人力资源政策会产生哪些影响？

② 公司的竞争环境是否会发生大的变化？这种变化会对公司造成哪些影响？

③ 公司的主要竞争对手是否会改变竞争手段？这种改变会对公司的人力资源政策造成哪些影响？

④ 公司的竞争优势在哪里？这种竞争优势如何才能得以保持？

⑤ 公司的发展战略是否会做出调整？这种调整会对公司的人力资源政策产生什么样的影响？

⑥ 公司的组织结构和运作模式是否会做出大的调整？这种调整是否会增加

或减少目前岗位？是否会对公司的人力资源需求产生大的影响？如果是，将产生什么样的影响？

⑦ 公司未来人力资源的年龄结构、学历结构、知识结构是否能满足公司的发展需求？如不能，应如何应对？

⑧ 行业技术是否会取得重大突破？这种突破会对公司产生什么样的影响？

⑨ 公司是否会采取新的技术或工艺？会对公司产生什么样的影响？

（6）人力资源部在进行未来人力资源需求预测时，应根据公司战略发展规划，明确预测期内每年的业务数据如生产量、销售收入等。

（7）人力资源部应首先采取回归分析法，对预测期内每年的人员需求总数进行初步预测。回归方程如下：

$$Y = \beta_0 + \beta_1 X_1$$

其中：Y——每年人员需求总数

β_0——常数

X_1——每年的经营收入

人力资源部可以根据情况变化对回归方程的自变量即人力资源需求影响因素的选择做出适当调整。

（8）人力资源部对预测期内每年的人员需求总数做出初步预测后，应根据过去三年的历史数据，计算出管理、销售和生产之间的人员比例，并据此确定各类人员在预测期内每年的初步人员需求数量。

（9）人力资源部应组织各部门对本部门具体人员需求做出预测，根据增加的工作量并综合考虑管理和技术等因素的变化，确定需增加的岗位和人数。

（10）除回归分析法和经验估计法外，人力资源部在进行人力资源需求预测时，还可以采取以下两种方法：

① 比率分析法：这是进行人力资源需求预测时比较常用的一种方法，主要是通过某些原因性因素和关键员工数量之间的比例关系，来确定未来员工的数量。比如通过销售额和销售人员之间的比例关系，来确定公司未来销售人员的数量。

② 劳动定额法：是根据劳动者在单位时间内应完成的工作量和公司计划的工作任务总量推测出所需的人员总数，其公式如下：

$$N = W \div Q (1+R)$$

其中：N——人力资源需求量

W——计划内任务完成量

Q——企业现行定额

R——计划期内生产率变动系数

（11）未来人力资源需求预测完成后，人力资源部应根据预测结果填写"未来人力资源需求预测表"。

4.3.4 未来人力资源流失预测。

（1）人力资源部在进行未来人力资源流失预测时，应按以下几个步骤进行：

步骤一，根据现有人员的统计数据，对预测期内退休的人员进行统计。

步骤二，根据历史数据，对未来可能发生的离职情况进行预测。

步骤三，将上述两项预测数据进行汇总，得出未来流失人力资源预测。

（2）完成未来人力资源流失预测后，人力资源部应将相关预测结果填入"未来人力资源流失预测表"。

4.3.5 整体人力资源需求预测。

（1）人力资源部应根据现实人力资源需求、未来人力资源需求和未来流失人力资源预测，汇总得出公司整体人力资源需求预测。

（2）人力资源部应将公司整体人力资源需求预测结果填入"整体人力资源需求预测表"。

4.4 人力资源供给预测

4.4.1 基本规定。

（1）人力资源供给预测是指公司为实现其既定目标，对未来一段时间内公司内部和外部各类人力资源补充来源情况的预测。

（2）供给预测包括内部人力资源供给预测和外部人力资源供给预测：

① 内部人力资源供给预测是对内部人员拥有量的预测，其任务是根据现有人力资源及其未来变动情况，预测出规划期内各时间点上的人员拥有量。

② 外部人力资源供给预测的任务是确定在规划期内各时间点上可以从公司外部获得的各类人员的数量。

（3）人力资源供给预测是动态的，人力资源部应根据公司内（外）部环境的变化不断做出调整。

4.4.2 内部人力资源供给预测。

（1）人力资源部在进行内部人力资源供给预测时应按下图所示的几个步骤进行：

第一步	对企业现有人力资源进行盘点，了解企业员工现状
第二步	分析公司的职务调整政策和历史员工调整数据，统计出员工调整的比例，包括各职等的晋升比例、离职比例等
第三步	向各部门了解可能出现的人事调整情况
第四步	根据以上情况，通过预测，得出内部人力资源供给预测结果

（2）人力资源部应采用现状核查法，全面了解现实内部人力资源供给情况。现状核查法是对公司现有人力资源的质量、数量、结构和在各职位上的分布状态进行的核查，以便掌握现有人力资源情况。人力资源部应对公司各岗位、各职等的人数有清楚的了解，将相关数据填入"公司人事月报"，并在每月根据人员变动情况进行及时调整。

（3）人力资源部应为每个岗位建立"技能清单"，以便随时能动态掌握公司每一岗位的人员供给情况。

4.4.3 外部人力资源供给预测。

（1）在进行外部人力资源供给预测时，人力资源部应首先对影响外部人力资源供给的地域性因素进行分析，主要内容包括以下几个方面：

- 公司所在地和行业的人力资源整体现状
- 公司所在地和行业有效的人力资源供给现状
- 公司所在地对人才的吸引程度
- 公司薪酬对所在地和行业人才的吸引程度
- 公司能够提供的各种福利对所在地和行业人才的吸引程度
- 公司本身对人才的吸引程度。

（2）在进行外部人力资源供给预测时，人力资源部应同时对影响外部人力资源供给的全国性因素进行分析，主要内容包括以下几种情况：

① 全国相关专业的大学生毕业人数及分配情况。
② 国家在就业方面的政策和法规。
③ 该行业全国范围内的人才供需情况。
④ 全国范围内从业人员的薪酬水平和差异。

（3）人力资源部应根据以上分析得出公司外部人力资源供给预测结果。

4.5 人力资源净需求的确定

4.5.1 人力资源部应通过公司人力资源需求的预测数和在同期内公司内部可供给的人力资源预测数的对比分析，测算出各类人员的净需求数。

4.5.2 人力资源部应通过"人力资源净需求评估表"从整体上把握公司在预测期内每年的人力资源净需求情况。

4.5.3 人力资源部要对预测期内每年的人力资源净需求进行结构分析，明确人力资源净需求的岗位、人数和相应标准。预测结果填入各类别的"人力资源净需求表"。

4.6 人力资源规划方案的制订

4.6.1 公司人力资源规划方案包括人力资源总体规划方案和各项业务计划。

4.6.2 人力资源总体规划方案是有关计划期内人力资源开发利用的总目标、总政策、实施步骤及总的预算安排。

4.6.3 各项业务计划是指人力资源各功能模块的计划方案，主要包括以下几个计划：

（1）人员配备计划：是关于公司中长期内不同职务、部门或工作类型的人员的分布状况的计划方案。

（2）人员补充计划：是关于公司需要补充人员的岗位、数量和对人员补充的要求、补充渠道、补充方法和相关预算的计划方案。

（3）培训开发计划：是指有关培训的对象、目的、内容、时间、地点、培训师资、预算等内容的计划方案。

（4）绩效与薪酬福利计划：是指有关个人及部门的绩效标准、衡量方法、薪酬结构、工资总额、工资关系、福利项目以及绩效与薪酬的对应关系等内容的计划方案。

4.6.4 公司根据预测期内不同的人员净需求预测结果而采取不同的政策和措施。

（1）当人员净需求为正，即公司未来某一时期在某些岗位上人员短缺时，将选择以下一些政策和措施加以解决：

制定招聘政策，从外部进行招聘
如果工作为阶段性任务，雇用全日制或非全日制临时工
改进技术或进行超前生产
重新设计工作，比如扩大工作范围，以提高员工的工作效率
延长员工劳动时间或增加工作负荷量，给予超时间和超工作负荷的奖励
进行平行性岗位调动，适当进行岗位培训
组织员工进行培训，对接受过培训的员工根据情况择优提升补缺并相应提高其工作待遇

（2）当人员净需求为负，即公司未来某一时期在某些岗位上人员过剩时，将选择以下一些政策和措施加以解决：

- 永久性裁员或辞退员工
- 对部门进行精简
- 进行提前退休
- 减少工作时间，并随之减少薪资
- 由两个或两个以上员工分担一个工作岗位，并相应减少薪资

4.6.5 人力资源部应根据公司确定的政策和措施，制订具体的人力资源规划方案。人力资源规划方案的编写按以下表所示的步骤进行：

人力资源规划方案的编写步骤

序号	步骤	具体说明
1	编写人员配置计划	描述公司未来的岗位设置、需要人员数量、质量以及职位空缺等
2	预测人员需求	根据本管理办法规定的程序和方法，得出公司的净人力资源需求，确定人员需求的岗位、数量和相应标准
3	人员补充计划的编写	根据公司确定的政策和措施，选择人员补充的方式和渠道，并据此制订人员招聘计划、人员晋升计划和人员内部调整计划
4	人员培训计划的编写	在选择人员补充方式的基础上，为了使员工适应工作岗位的需要，制订相应的培训计划，包括培训政策、培训需求、培训内容、培训形式和培训考核内容等
5	编写人力资源费用预算	主要包括招聘费用、培训费用、调配费用、奖励费用以及其他非员工直接待遇但与人力资源开发利用有关的费用
6	关键任务的风险分析及对策	对人力资源管理中可能出现的风险比如招聘失败、新政策引起员工不满等风险因素进行分析，通过风险识别、风险估计、风险监控等一系列活动来防范风险的发生

拟定		审核		审批	

二、员工职业发展管理办法

标准文件		员工职业发展管理办法	文件编号	
版次	A/0		页次	

1. 目的

为建立健全员工职业发展体系，加强公司人力资源开发的针对性，提高员工能力以及员工对公司的认同感，促进员工和公司共同发展，特制定本办法。

2. 适用范围

适用于公司所有员工的职业发展管理。

3. 指导思想

3.1 促进员工与公司共同发展，是充分发挥员工潜能和挖掘员工潜力调动员工工作积极性的最好方法。

3.2 员工的职业发展是员工的权利、管理者的义务。员工职业生涯应由公司和员工共同参与、共同规划、共同实施和完成。公司各单位负责人是代表公司组织实施员工职业发展计划的直接负责人。

3.3 员工职业发展管理须与工作分析、人才测评、教育培训、绩效管理、薪酬福利等人力资源管理职能紧密联系。

3.4 员工职业发展无限制、有计划。公司给员工提供无限空间，员工可依据自身能力挑战任何一个岗位，同时，员工发展必须按计划、以适中节奏有序进行。

3.5 优先和公平原则：公司职位发生空缺时，优先考虑内部选拔；在公平基础上优先给优秀的、核心的员工提供职业发展机会。

3.6 在指导员工职业发展时，公司向员工提倡：

3.6.1 员工应首先考虑如何发挥自己的优势，而不是弥补不足。

3.6.2 员工应将目光盯住下一步的方向，而不是自己现在所处的位置。

3.6.3 员工职业生涯规划，只要开始，永远不晚，只要进步，总有空间。

3.6.4 员工职业生涯的每一次质跃发展都是以学习新知识、建立新观念为前提条件的。

3.6.5 在职业发展的道路上没有空白点，每一种环境、每一项工作都是一种锻炼，每一个困难、每一次失败都是一次机会。

3.6.6 求知是自我实现的前提，求美是自我实现的过程。

3.6.7 公司不仅是挣钱谋生的场所，更是学习进步、实现人生价值的舞台。

3.6.8 喜欢不喜欢一项工作，与应该不应该做好这项工作、是否有能力做好这项工作是两回事。

4. 管理规定

4.1 员工职业发展管理体系

4.1.1 职业发展协调匹配过程。

职业发展协调匹配过程

阶段	员工职业发展过程	公司职业发展管理	备注
早期职业阶段	（1）寻找个人的贡献区 （2）学会如何适应公司 （3）看清自己的可行职业前途 （4）积累经验	（1）岗位培训 （2）共同的职业计划和调整、职业咨询指导 （3）绩效管理 （4）潜力评估 （5）奖励、任职资格等级升迁、工作丰富化	确保员工与公司双方相互融合
中期职业阶段	（1）确定职业发展方向 （2）成为管理或专业骨干，一专多能 （3）谋求工作与家庭的最佳结合 （4）谋求尊重、安全	（1）职位等级或任职资格等级升迁 （2）增薪 （3）继续教育、培训机会 （4）工作扩大化、工作轮换、挂职锻炼 （5）继任计划	公司在发展的同时，通过为员工创造机会和各种激励方式，保证员工发展
后期职业阶段	（5）成为同事的良师益友 （6）退休	（1）新员工储备 （2）退休计划和咨询 （3）返聘	

4.1.2 职业发展管理流程如下图所示：

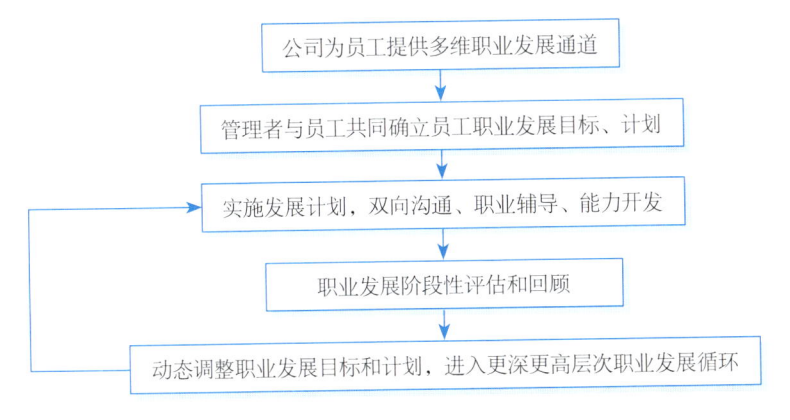

公司为员工提供多维职业发展通道
↓
管理者与员工共同确立员工职业发展目标、计划
↓
实施发展计划，双向沟通、职业辅导、能力开发
↓
职业发展阶段性评估和回顾
↓
动态调整职业发展目标和计划，进入更深更高层次职业发展循环

职业发展管理流程

4.1.3 公司、各部门管理者、员工在职业发展中的工作和责任如下表所示：

公司、各部门管理者、员工在职业发展中的工作和责任		
公司	各部门管理者	员工
（1）制定职业发展政策和程序 （2）提供职业发展通道，告知职位空缺信息 （3）提供能力开发机会 （4）追踪职业发展效果	（1）了解员工内在需求和动机，挖掘员工个人职业发展的潜力 （2）帮助员工认识自己的长处和短处，确定适合自己的职业发展目标和计划 （3）关心和指导下属，支持员工达到预期的目标 （4）定期给予员工评估和反馈	承担自己职业发展的最终责任 （1）认识自我和环境，定期检讨和规划 （2）把握各种机会，主动学习和锻炼 （3）积极工作，创造杰出成就 （4）不断总结、提升

4.2 职业发展通道管理

4.2.1 职业发展通道。

公司为员工提供管理与专业技术双重职业发展通道，如下图所示。

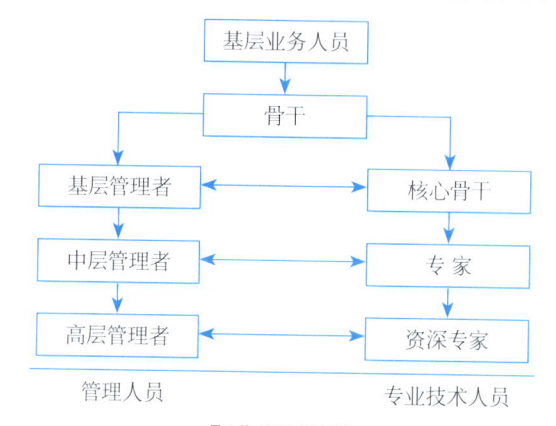

```
            基层业务人员
                 │
                骨干
               ╱    ╲
         基层管理者  核心骨干
             ↕         ↕
         中层管理者   专家
             ↕         ↕
         高层管理者  资深专家

          管理人员   专业技术人员
```

职业发展通道

4.2.2 员工职业发展突破方式。

结合公司职业发展通道，员工可按以下几个方式实现职业发展：

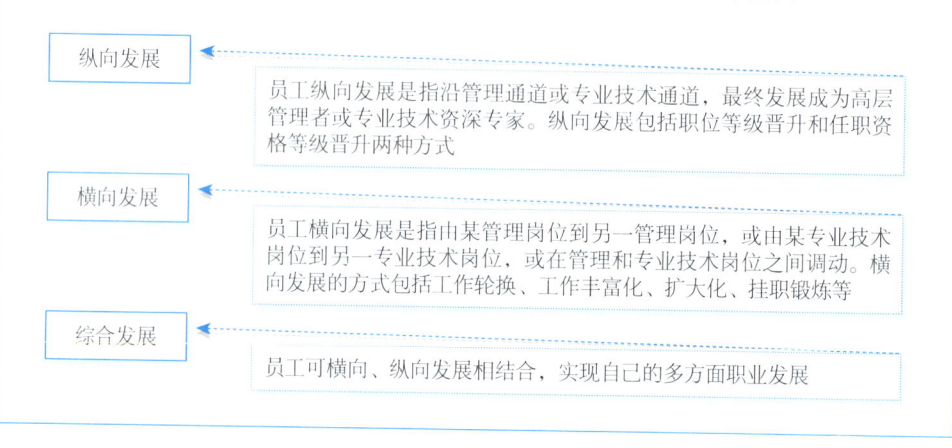

纵向发展 ←-- 员工纵向发展是指沿管理通道或专业技术通道，最终发展成为高层管理者或专业技术资深专家。纵向发展包括职位等级晋升和任职资格等级晋升两种方式

横向发展 ←-- 员工横向发展是指由某管理岗位到另一管理岗位，或由某专业技术岗位到另一专业技术岗位，或在管理和专业技术岗位之间调动。横向发展的方式包括工作轮换、工作丰富化、扩大化、挂职锻炼等

综合发展 ←-- 员工可横向、纵向发展相结合，实现自己的多方面职业发展

员工职业发展突破方向，如下图所示：

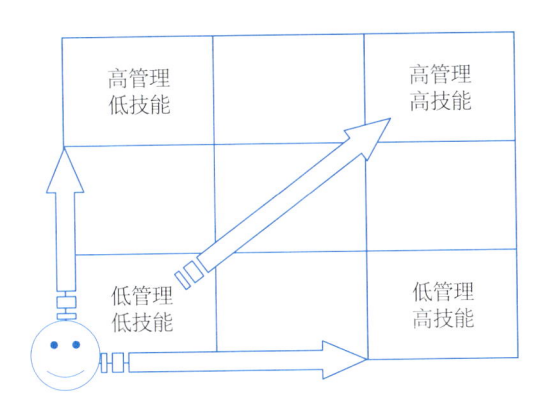

员工职业发展突破方向图

4.2.3 职位等级和任职资格等级。

（1）公司职位等级为四级：总经理、副总经理（总经理助理）、部门负责人、部门负责人以下员工。

（2）在同一职位等级，依据任职者符合职位要求的程度（专业、资深程度），可以分为不同的任职资格等级。如：公司部门负责人分为部门副经理、部门经理、部门总监三个等级，部门负责人以下管理人员分为专员、主管、经理、高级经理四个等级等。

（3）公司员工晋升既包括职位等级晋升，也包括任职资格等级晋升，任职资格等级晋升是员工重要的发展通道。例如，招聘专员可依次晋升为招聘主管、招聘经理、高级招聘经理。

公司职位等级和任职资格等级划分参考公司"工作说明书"中职位序列部分。

4.3 员工职业发展计划

4.3.1 职业发展计划过程。

（1）新员工试用期满转正时，填写"员工职业发展计划表"，进行自我评估后，交主管。

（2）主管对员工发展潜力进行评价，或组织对员工进行职业性向测评。

（3）主管和员工面谈，就员工发展意愿和现实职业生涯机会讨论，确定员工发展通道，制定阶段性目标，并结合实际情况，共同制订相应行动计划和措施。

（4）"员工职业发展计划表"交人力资源部，与"员工登记表""员工职业发展回顾表"等一并作为员工职业发展档案保存。

（5）员工如因工作岗位发生变化，可与主管一起将"员工职业发展计划表"个人能力提升等阶段性目标予以补充和调整。

（6）每年年终，员工和主管对职业发展计划实施情况进行回顾，并根据实际情况做动态调整。

4.3.2 自我申告制度。

员工在工作中可随时通过口头或书面形式，向人力资源部门提出自我申告，体现自身才能，表明发展需求。

4.4 支持员工发展

4.4.1 新员工辅导。

（1）新员工入公司，其直接主管或由直接主管指定的资深员工（5年以上工作经验，在公司工作2年以上）为新员工的职业辅导人。

（2）职业辅导人的职责包括：

① 在新员工入职初期，帮助其熟悉工作环境、周围同事、工作流程和规章制度等，解决工作中存在的问题。

② 在新员工试用期结束后，作为职业辅导人应与该员工谈话，帮助新员工根据自己的情况，如职业兴趣、资质、技能、个人背景等明确职业发展意向、设立未来职业目标、制订发展计划表。

4.4.2 在职辅导。

（1）关爱原则：在订立"员工职业发展计划表"后，各单位负责人应以"关爱员工、一定将员工培养成才"的态度，努力支持员工实施发展计划。

（2）个性化原则：各单位负责人应建立并保持《员工情况卡》，掌握下属的长处和短处、社会交往、需要的培训、发展想法等。

（3）在职辅导十要求：

① 主管在安排具体工作时不能简单化处理，应当在下属开展具体工作前与其做充分沟通交流，达成共同的工作目标与工作方案，并使其符合公司要求和部门要求或专业要求。

② 主管对下属的工作进度必须进行跟踪并及时纠正工作中出现的偏差。

③ 主管对下属应当进行技能辅导（包括工作细节辅导）。

④ 员工应当积极主动地与自己的主管进行工作沟通交流，不能盲目服从。

⑤ 主管对下属的工作成果要及时评估，并根据其工作成果的质量和重要程度及时地进行表扬或批评。公司级的表扬、奖励或批评、处罚，由各单位负责人向公司人力资源部提出申请。

⑥ 严重的工作失误，不分员工级别，不论是否给公司造成损失或负面影响，都必须上报公司处理，以便警示全体员工。对隐瞒不报的单位和个人，发现后将予以重处。

⑦ 主管必须及时向下属传达公司层面的相关信息和要求。

⑧ 各单位负责人每周至少与一名下属进行一对一的工作感受沟通交流。

⑨ 下属可对主管的"在职辅导"能力给予评议，长期得不到主管工作指导的员工可以向公司人力资源部或总经理投诉。

⑩ 公司人力资源部定期或不定期地对各单位在职辅导情况进行抽查，将有关情况向公司领导报告。

4.4.3 员工能力开发。结合员工职业发展目标，公司根据实际情况为员工提供能力开发的条件。主要措施包括：

（1）教育培训，参考《教育培训管理办法》。

（2）工作扩大化、丰富化、扩大员工工作范围、加大员工责任、丰富工作内容，可安排员工执行特别的项目等。

（3）工作轮换、挂职锻炼，拓展员工职业技能、经验与发展空间。

（4）指派公司中富有经验的资深员工担任导师，为经验较少的员工提供业务指导，促使他们共同进步。

4.5 职业发展评估与修正

4.5.1 评估和回顾。

每年年终，主管与员工一起回顾：

（1）员工绩效考核、能力提升情况。

（2）员工职业发展阶段目标及行动计划执行情况。

（3）公司内外环境和职业发展机会的变化。

（4）下一阶段能力提升和职业发展目标。

（5）员工在当年工作中的问题和差距。

（6）未来一年行动计划、学习和培训需求等。以上情况记入"员工职业发展回顾表"中，交人力资源部备案。

4.5.2 管理象限卡。

依据员工"工作／发展意愿"和"能力／绩效情况"，公司将员工在以下四个象限中分布：

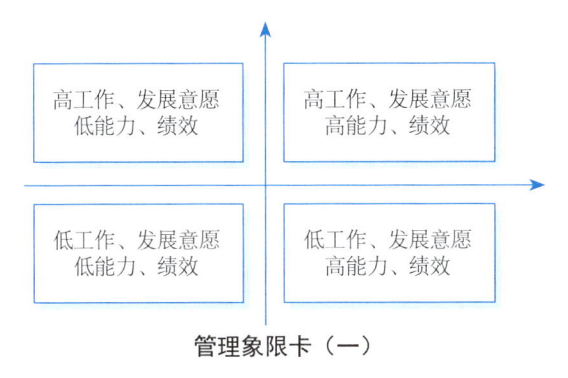

高工作、发展意愿 低能力、绩效	高工作、发展意愿 高能力、绩效
低工作、发展意愿 低能力、绩效	低工作、发展意愿 高能力、绩效

管理象限卡（一）

依据员工价值和稀缺程度，公司将员工在以下四个象限中分布：

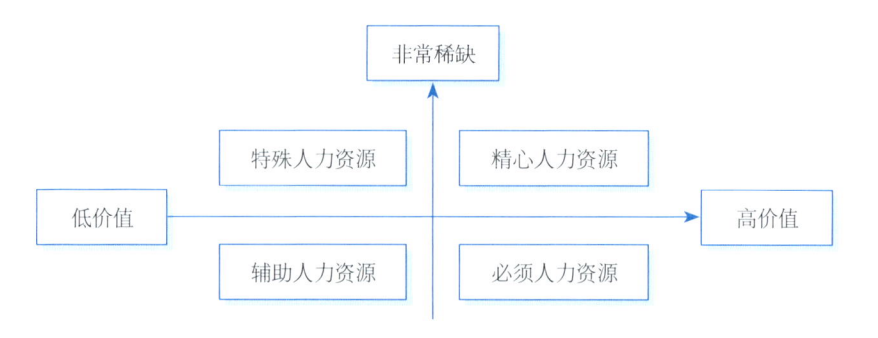

```
                    非常稀缺
                      ↑
         特殊人力资源  │  精心人力资源
                      │
     低价值 ─────────┼─────────→ 高价值
                      │
         辅助人力资源  │  必须人力资源
```

管理象限图（二）

4.5.3 关注两极员工。

通过绩效考核、员工职业发展评估与回顾，公司人力资源部每年将员工在上述象限中发布，对不同象限的员工采取不同的处理方式。对同时处于上述两类分布的第一象限的员工，公司将优先安排更多的培训、锻炼机会，或安排到上一级管理层的梯队人选。对同时处于两类分布第三象限的员工，人力资源部会同部门经理对这些员工进行分析，与他们沟通，或进行岗位调整，或给予改善机会，最终仍不能达到改善目标的员工采取请辞方式或公司辞退。

4.6 继任、晋升和调配管理

4.6.1 继任管理。

管理者的职业发展主要通过公司领导和管理职位的继任管理实现。

（1）继任人员的选择。公司对领导和管理职位进行"X+1"梯次配置，每一管理岗位选择1—2人作为继任第一梯队。选择继任人员时，参考绩效考核结果和管理者能力模型。

（2）继任人员的培养。

① 根据岗位需求和继任人员特点，组织参加管理或专业培训。

② 充分授权，给予责任，激发潜能。

③ 采取助理制、副职制、轮岗制等方式，锻炼人才。

（3）继任人员的考核。结合公司绩效管理办法与职业发展工作，在继任者发展中，人力资源部及继任者上级都对其定期进行考核、反馈并进行改进、调整，以便其更好地适应发展的需求。

4.6.2 晋升和调配管理。

（1）员工晋升或调配至其他岗位，主要依据下列几个因素：

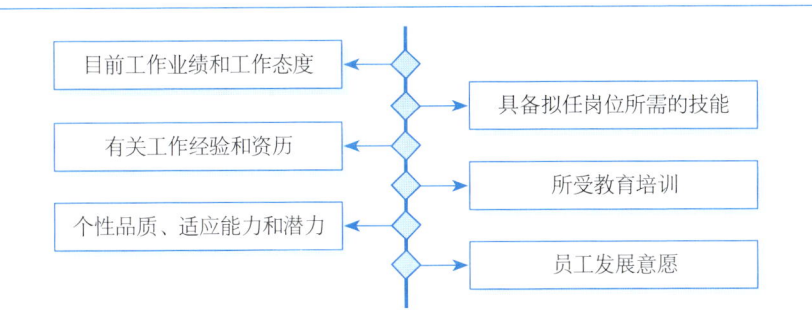

```
┌─────────────────────────┐                    ┌─────────────────────────┐
│  目前工作业绩和工作态度  │◄──────◆───────────│  具备拟任岗位所需的技能 │
└─────────────────────────┘        │           └─────────────────────────┘
                                   ◆
┌─────────────────────────┐        │           ┌─────────────────────────┐
│  有关工作经验和资历      │◄──────◆───────────│  所受教育培训           │
└─────────────────────────┘        │           └─────────────────────────┘
                                   ◆
┌─────────────────────────────┐    │           ┌─────────────────────────┐
│ 个性品质、适应能力和潜力    │◄──◆───────────│  员工发展意愿           │
└─────────────────────────────┘                └─────────────────────────┘
```

（2）员工晋升或调配时，遵循的程序是：

① 各单位负责人在员工绩效考核基础上，提出员工晋升或调配建议，填写《人事变动建议表》，报人力资源部。

② 人力资源部审批，视情况组织对拟晋升或调配员工进行测评（面谈、专业素质笔试、管理素质测评等），报公司领导审批。

③ 晋升或调配人员在新岗位试用一个月。

④ 试用后，由人力资源部组织，公司正式发文通报晋升或调配事宜。

人力资源部可依据公司需要提出员工晋升或调配建议，报公司领导批准。员工也可向公司自荐，表明发展意愿。

（3）当同一岗位有多个候选人时，采取内部竞聘的方式，竞聘参与者除接受上述测评外，还须进行就职答辩，阐述自己的工作规划、目标等，最后选拔出最合适的人选。

拟定		审核		审批	

第三节 人力资源规划应用表格

一、管理人才需求预测表

管理人才需求预测表

| 序号 | 主要工作种类 | 当前人力 | 预计增加人力 | 每个工作种类预期人员流失 |||| 总需求 |
				晋升	辞职	辞退/开除	流失率	
1	高层管理人员							

续表

序号	主要工作种类	当前人力	预计增加人力	每个工作种类预期人员流失				总需求
				晋升	辞职	辞退/开除	流失率	
2	中层管理人员							
3	基层管理人员							
	合计							

二、管理人才配置需求预测表

管理人才配置需求预测表

序号	部门	管理人才（人）		
		高级管理人才	中级管理人才	小计
	合计			

三、职能专业人才配置需求预测表

职能专业人才配置需求预测表

序号	部门	职能专业人才（人）							
		战略规划	人力资源	财务审计	投资管理	企业文化	信息管理	证券管理	小计
	合计								

四、业务专业人才配置需求预测表

业务专业人才配置需求预测表

序号	部门	业务专业人才（人）						
		市场销售	国际贸易	市场推广	采购管理	产品销售	…	小计
	合计							

五、生产技术专业人才配置需求预测表

生产技术专业人才配置需求预测表

序号	部门	生产技术专业人才（人）						
		生产管理	设备动力	技术	安全环保	质量检验	…	小计
	合计							

六、公司人才需求总量预测表

公司人才需求总量预测表

序号	部门	人才需求总量（人）	经营决策人才	管理人才	职能专业人才	业务专业人才	生产技术专业人才
	合计						

七、公司人才能力需求表

公司人才能力需求表

人才类别：□经营决策人才　□专业化职能管理人才　□生产运作管理人才　□营销管理人才
　　　　　□财务管理人才　□客户服务人才　　　　□业务专业人才

序号	类别	需求
1	年龄结构	
2	学历结构	
3	专业结构	
4	能力要求	

八、公司人才分布现状报表

公司人才分布现状报表

序号	人才类别	总数	细分及数量		分布部门
1	管理人才		高级管理人才		
			中级管理人才		
2	职能专业人才		战略规划		
			人力资源		
			财务审计		
			投资管理		
			企业文化		
			信息管理		
3	业务专业人才		市场销售		
			国际贸易		
			市场推广		
			采购管理		
4	生产技术专业人才		生产管理		
			设备动力		
			技术		
			安全环保		
			质量检验		
	合计				

九、目前人力资源需求预测表

目前人力资源需求预测表

日期：_____年____月____日

部门	目前编制	人员配置情况			人员需求
		超编	缺编	不符合岗位要求	
合计					

十、未来人力资源需求预测表

未来人力资源需求预测表

日期：_____年____月____日

预测内容＼预测期	第一年	第二年	第三年	第四年	第五年
增加的岗位及人数					
备注					

十一、未来人力资源流失预测表

未来人力资源流失预测表

日期：_____年____月____日

预测内容＼预测期	第一年	第二年	第三年	第四年	第五年
退休人员					
离职人员					
其他					
岗位及人数					
备注					

十二、整体人力资源需求预测表

整体人力资源需求预测表

日期：_____年___月___日

部门	当前年		第一年	第二年	……
生产部	现实人数：		期初人数：	期初人数：	
	现实需求：		需增加岗位和人数：	需增加岗位和人数：	
			流失人数预测：	流失人数预测：	
	总需求：		总需求：	总需求：	
营销部	现实人数：		期初人数：	期初人数：	
	现实需求		需增加岗位和人数：	需增加岗位和人数：	
			流失人数预测：	流失人数预测：	
	总需求：		总需求：	总需求：	
……	现实人数：		期初人数：	期初人数：	
	现实需求：		需增加岗位和人数：	需增加岗位和人数：	
			流失人数预测：	流失人数预测：	
	总需求：		总需求：	总需求：	
总计	现实人数：		期初人数：	期初人数：	
	现实需求：		需增加岗位和人数：	需增加岗位和人数：	
			流失人数预测：	流失人数预测：	
	总需求：		总需求：	总需求：	

十三、员工技能清单

员工技能清单

序号	岗位	技能要求	技能种类	证书

十四、人力资源净需求评估表

人力资源净需求评估表

日期：_____年____月____日

人员状况		第一年	第二年	第三年	第四年	第五年
人员需求	1. 年初人力资源需求量					
	2. 预测年内需求之增加（减少）					
	3. 年末总需求					
人员供给	4. 年初拥有人数					
	5. 招聘人数					
	6. 人员损耗					
	其中：退休					
	调出或升迁					
	辞职					
	辞退或其他					
	7. 年底拥有人数					
净需求	8. 不足或有余					
	9. 新进人员损耗总计					
	10. 该年人力资源净需求					

十五、人力资源净需求表

人力资源净需求表（按类别）

日期：_____年____月____日

人员类别	现有人员	计划人员	余缺	预期人员的损失						本期净需求
				调职	升迁	辞职	退休	辞退	其他	合计	
合计											

十六、员工职业生涯规划表

员工职业生涯规划表

一、个人基本情况							
姓名		性别		婚否		出生日期	
性格倾向		血型		政治面貌		联系电话	
家庭住址				E-mail			
所在岗位				到岗时间			
教育情况	类别	学位	学校		毕业日期	主修课目	
^							
^							
技能	技能(职称)种类			证书			
^							
工作经历	时间		单位		行业	职位	
^							
^							
工作愿望	对现在从事岗位的工作是否满意?				满意□		不满意□
^	是否愿意担任其他岗位的工作?				愿意□		不愿意□
^	如果可能,你愿意从事哪一方面的工作?						
如果有机会提升,你认为自己哪一方面还需要得到进一步的培训和加强?								
工作现状	我现在的职位	知识现状						
^	^	技能现状						
^	^	其他方面						
^	我的差距	知识差距						
^	^	技能差距						
^	^	其他差距						
^	我需要的帮助	知识帮助						
^	^	技能帮助						
^	^	其他帮助						

续表

二、自我分析		
自我评估	个人需要职业价值观	
	职业性格	
	兴趣爱好特长	
	情绪情感状况	
	意志力状况	
	已具备经验	
	已具备能力	
	个人优点	
	个人缺点	
	人际关系状况	

	关系	姓名	对你的看法与期望
社会中的自我评估	父亲		
	母亲		
	亲戚		
	朋友		
	领导		
	其他		

自我分析总结	

三、社会、职业环境分析
家庭环境分析（如经济状况、家人期望、家族文化等以及对本人的影响）
社会环境分析（如就业形势、就业政策、竞争对手等）
行业分析（如行业现状及发展趋势，人业匹配分析）

续表

职业分析（如职业的工作内容、工作要求、发展前景、人岗匹配分析）

企业分析（如单位类型、企业文化、发展前景、发展阶段、产品服务、员工素质、工作氛围等，人企匹配分析）

环境与职业认知	1. 你认为你所服务的企业是	A. 非常有发展潜力的企业 □　B. 发展潜力一般的企业 □ C. 毫无发展潜力的企业 □　D. 不知道，从没考虑过 □
	2. 打算在现在的企业工作多久？	A. 长期性 □　B. 2 年以内 □　C. 5 年到 10 年 □ D. 从没考虑过，做一天是一天 □
	3. 与同事间关系相处得如何？	A. 好 □　　　B. 一般 □ C. 不好 □　　D. 时好时坏 □
	4. 在工作之中感觉快乐吗？	A. 非常快乐 □　　B. 一般 □ C. 有时感觉快乐，有时感觉倦怠、烦恼 □　D. 不快乐 □
	5. 你对单位环境的满意状况？	A. 满意 □　B. 一般 □　C. 不满意及原因（　　）： a. 制度不规范　b. 氛围不好　c. 看不到发展机会 d. 领导在能力方面有问题　e. 工资、福利待遇不好
	6. 你最擅长的知识能力是（　） 最不擅长的知识能力是（　）	A. 计划能力　B. 执行能力　C. 沟通协调能力　D. 组织能力 E. 专业知识　F. 写作能力　G. 创新能力　H. 学习能力 I. 自我控制能力　J. 理解与思维能力
	7. 如何看待职业规划？	A. 人生要有目标，并为之而努力 □　B. 做给别人看，自欺欺人 □ C. 走一步看一步 □　D. 从来就没有职业规划意识 □
	8. 对目前的职业生涯满意吗？	A. 非常满意 □　B. 比较满意 □ C. 说不上，一般 □　D. 不满意 □
	9. 你的职业困惑的类型是什么？	A. 不知道自己适合做什么 □　B. 职业发展遇到瓶颈 □ C. 职业倦怠，工作提不起精神 □　D. 工作压力过大 □ E. 工作环境人际关系紧张 □　F. 健康与生理状况等原因 □ J. 现在的薪资水平低于自己的能力与付出 □
	10. 对职业规划你最看重哪些方面	A. 对自己的事业发展有帮助　B. 对提高自己的薪资水平有帮助 C. 对提升自己的技能与经验有帮助　D. 对实现自己的人生理想有益
	11. 选择职业规划最看重哪些因素	A. 效果 □　　B. 金钱 □ C. 名利 □　　D. 心境 □

职业分析小结：

48

续表

四、确立初步目标（含计划实施一览表）

描述初步的职业理想	职业类型		职业名称		具体岗位	
	职业地域		工作环境		工作时间	
	工作性质		工作待遇		技能等级	
	职业发展期望：					

目标SWOT分析	实现目标的优势（S）	
	实现目标的劣势（W）	
	实现目标的机会（O）	
	实现目标的障碍（T）	

计划实施一览表：

计划名称	时间跨度	总目标	分目标	计划内容	策略和措施	备注
短期计划						
中期计划						
长期计划						

十七、员工能力开发需求表

员工能力开发需求表

填表日期：_____年___月___日　　　　　　　　　　　　　　　　填表者：

姓名		公司（部门）		岗位名称	
主要工作内容明细					

所承担的工作	自我评价			上级评价			上级评价的事实依据
	完全胜任	胜任	不能胜任	完全胜任	胜任	不能胜任	

我对工作的希望和想法	目前实施的结果如何

续表

达到目标所需的知识和技能	
需要掌握但目前尚欠缺的知识和技能	所需培训的课程名称
通过培训已掌握的知识和技能	已培训的课程名称
需要公司提供的非培训方面的支持	上级意见

第三章

员工招聘管理

第一节　员工招聘管理要点

一、员工招聘的管理原则

企业对员工招聘进行管理时，一般遵循以下四项原则：

1. 因岗择人原则

所谓因岗择人，就是员工的选聘应以实际工作的需要和岗位的空缺情况为出发点，根据岗位对任职者的资格要求选用人员。

2. 公开、公平、公正原则

公开就是要公示招聘信息、招聘方法，这样既可以将招聘工作置于公开监督之下，防止以权谋私、假公济私的现象，又能吸引大量的应聘者。公平公正就是要确保招聘制度给予合格应聘者平等的获选机会。

3. 竞争择优原则

竞争择优原则是指在员工招聘中引入竞争机制，在对应聘者的思想素质、道德品质、业务能力等方面进行全面考察的基础上，按照考察的成绩择优选拔录用员工。

4. 效率优先原则

效率优先原则就是用尽可能低的招聘成本招聘到合适的最佳人选。

二、员工招聘的实施步骤

企业招聘员工时，通常按照以下几个步骤进行：

1. 招聘需求阶段

一般来说，确定招聘需求有以下两个方向：
（1）直接员工的招聘申请（主要是人力资源部员工）。由人力资源部根据生产所需要填写直接员工的"员工招聘申请表"，交人力资源部经理审批。
（2）非直接员工的招聘申请（其他部门员工）。由用人部门填写非直接员工的"员工招聘申请表"，并交人力资源部审批。

2. 招聘计划阶段

企业在进行员工招聘前要制订招聘计划，计划包括拟聘用的岗位、应聘人员的条件、招聘组织、招聘时间安排、招聘的程序等；同时要制订招聘计划书。主要包括以下内容：

（1）岗位条件。

企业招聘计划书对拟聘的岗位和条件要做出充分说明，便于应聘人员选择是否竞聘。特别是聘用条件，应当尽量详细具体，比如，有的岗位可能适合女性，有的可能适合男性，应当在条件中列明，具有可操作性。

（2）时间安排。

企业招聘计划书的时间安排，既要考虑到有利于企业的运作，也要考虑到有利于应聘人员应聘。

（3）招聘组织。

企业招聘计划书的招聘组织，通常要选择与招聘录用的岗位相关的部门参与招聘考核工作。哪个部门需要人，则应由哪个部门作为主要负责人，审核应聘人员的相关资料和笔试、面试。

3. 人员选拔阶段

（1）一般员工的选拔。在此阶段，如果招聘一般的员工，只要经过用人部门批准就可以。

（2）管理技术、文职类人员的选拔。如果招聘管理、技术、文职类人员（组长、技术员、修理、文员、管理员等），则需通过人力资源部和用人部门的笔试、面试。

（3）高层管理人员的招聘和内部选拔需要通过公司高层、经营层的面试。

4. 招聘评估阶段

在招聘活动结束后，应该对此次招聘的效果做一次全面、深入、科学、合理的评估。一般来说，主要对以下内容进行评估：

（1）招聘目的是否达到？

（2）招聘渠道是否有效？

（3）招聘流程是否流畅？

（4）招聘预算的执行是否得当？

（5）招聘时间（周期）的安排是否合理？

（6）人才测评的方法是否可靠、有效？

（7）所录用人员的实际业绩究竟如何？

第二节　员工招聘管理制度

一、员工招聘管理办法

标准文件		员工招聘管理办法	文件编号	
版次	A/0		页次	

1. 目的

为满足公司持续、快速发展的需要，规范员工招聘流程，健全人才选用机制，特制定本办法。

2. 适用范围

适用于公司所有职位的招聘管理。

3. 权责

3.1　人力资源部职责

3.1.1　制订公司中长期人力资源规划。

3.1.2　制定、完善公司招聘管理制度，规范招聘流程。

3.1.3　核定公司年度人力需求，确定人员编制，制订年度招聘计划。

3.1.4　分析公司人员职位职责及任职资格，制定并完善职位说明书。

3.1.5　决定获取候选人的形式和渠道。

3.1.6　设计人员选拔测评方法，并指导用人部门使用这些方法。

3.1.7　主持实施人员选拔测评，并为用人部门提供录用建议。

3.1.8　定期进行市场薪酬水平调研，核定招聘职位薪酬待遇标准。

3.1.9　提供各类招聘数据统计及分析。

3.2　用人部门职责

3.2.1　编制部门年度人力需求计划，提出正式人力需求申请。

3.2.2　协助人力资源部做好对职位职责和任职资格的调查分析。

3.2.3　参与候选人专业技术水平测评。

4. 管理规定

4.1　招聘原则

公司招聘坚持公开招聘、先内后外、平等竞争、人岗匹配的原则。

4.2　招聘流程管理

4.2.1　确定招聘需求。

（1）各部门根据本年度工作发展状况和公司下一年度的整体业务计划，制订年度人力资源需求计划，于每年年底报人力资源部。

（2）人力资源部根据公司年度发展计划、编制情况及人力资源需求计划，制订年度招聘计划及费用预算，报公司总经理审批。

（3）各部门提前一个月申报人力需求，填写"人力资源需求申请表（增员）"或"人力资源需求申请表（补员）"。"人力资源需求申请表（增员）"适用范围：增设职位；原职位增加员工数量；储备人才。"人力资源需求申请表（补员）"适用范围：员工离职补充、调动补充。

（4）招聘需求审批权限表。

招聘需求审批权限表

需求职位性质	提出	审核	批准
增员	部门负责人	人力资源部经理	总经理办公室
补员	直接主管	部门负责人	总经理办公室

（5）提出"人力资源需求申请表（增员）"的招聘职位，人力资源部进行工作分析和招聘难度分析。

（6）人力资源部根据人力需求，制订招聘计划和具体行动计划。

4.2.2 确定招聘形式。人力资源部根据公司现有人力资源状况，确定内部招聘或外部招聘，合理、有效地配置人力资源。

4.2.3 选择招聘渠道。人力资源部根据职位和等级的不同选择有效的招聘渠道组合，主要渠道有：员工推荐、网络及媒体招聘、现场招聘、校园招聘、猎头公司、公司人才库。

4.2.4 确定候选人。人力资源部在收到应聘资料后，对应聘者进行初步筛选后通过短信或电话发出"面试通知"，确认初试人选和时间后，通知用人部门做好面试准备。

4.2.5 甄选。

（1）人力资源部负责建立涵盖测评方式、测评指标、测评内容及测评小组的人才测评体系，并负责在实际工作中不断加以丰富和完善。

（2）测评小组由招聘负责人和用人部门负责人组成，对于重要管理人员和技术人员的招聘，可邀请外部专家和公司高层领导参加，一般由3—5人组成，负责对候选人的测评。

（3）人力资源部和用人部门应根据拟招聘职位的任职资格要求进行测评。

（4）甄选包括初试和复试。

4.2.6 初试。

（1）初试程序：确定初试内容（面试或笔试）→确定初试时间→通知候选人→进行初试→评定初试结果。

（2）初试内容如下表所示：

	具体内容
笔试	候选人参加由人力资源部拟订试题的素质测试，主要考核对方的逻辑推理能力、思维能力、空间想象能力、观察力等
面试	主要了解对方的求职动机、职业道德、家庭背景、学历背景、工作经历等基本信息

（3）通过初试，招聘专员审查候选人是否具备该职位必备的素质条件及与企业文化的相融度，并在"面试评价表"中填写人力资源部初试意见。

4.2.7 复试。

通过初试的候选人必须参加由用人部门主持的复试，复试形式主要有面试、笔试。通过复试，测评人主要考核其专业知识、专业能力、必备技能等，以审查其是否能够胜任职位，并在"面试评价表"中填写用人部门意见。

面试评价表

招聘人员层级	复试人员	录用	
		审核	批准
副总级	总经理办公室		总经理
公司经理级	人力资源部经理、部门经理		总经理办公室
主管级	各部门经理、招聘专员		人力资源部
员工	直接主管、招聘专员	各部门经理	人力资源部

4.2.8 录用。

（1）甄选结束后，测评小组成员就甄选情况进行综合讨论及评定，确定候选人最终排名，提出初步录用意见。

（2）对拟录用人员做背景调查。

（3）应聘人员的"录用决定"按权限由领导签署后，人力资源部负责通知员工报到。

（4）对于有意向录用的人选，由人力资源部以邮件或电话的形式发出"员工录用通知"，并参加指定医院、指定项目的入职体检。

（5）人力资源部确定意向录用人员报到时间后，填制"拟录用员工信息汇总表"，通知相关部门做好新员工入职前准备工作。

4.2.9 聘用。经批准录用人员须按公司规定的时间统一到人力资源部报到，办理入职手续。

（1）报到需提供材料：身份证原件及复印件一份、学历证原件及复印件一份、资格等级证书原件及复印件一份、1寸免冠近照两张、体检报告单、与原单位离职证明或解除劳动合同证明。应聘人员必须保证向公司提供的资料真实无误，若发现虚报或伪造，公司有权将其辞退。

（2）人力资源部引导新进人员根据《新员工入职手续清单》办理入职。

拟定		审核		审批	

二、新员工试用期管理办法

标准文件		新员工试用期管理办法	文件编号	
版次	A/0		页次	

1. 目的

为了规范对新员工的管理，充分了解新员工与应聘岗位的符合程度及稳定性，达到优胜劣汰的目的，特制定本办法。

2. 适用范围

适用于新员工试用的管理。新员工是指已与公司签订了《试用合同书》的员工。

3. 管理职责

3.1 用人部门：负责对新员工试用期进行日常管理，应按岗位职责的要求，认真地安排工作任务，指定专人指导帮助，并在工作中认真地考察其人品、能力和态度，定期做出评价。

3.2 人力资源部：负责试用情况跟踪和汇总，每月与试用人员进行一次交流和沟通，及时地处理试用期出现的问题；并对新员工进行公司制度培训。

3.3 办公室：对新员工的档案临时归档及对后勤工作进行管理。

3.3.1 归档内容包括：

（1）员工身份证复印件（原件验证后归还）。

（2）员工学历、职称、资格、奖励证明复印件（原件验证后归还）。

（3）员工个人简历。

（4）员工近期2寸相片2张。

（5）员工体检表、户口复印件（视岗位需要而定）。

（6）员工登记表。

（7）应聘登记表。

3.3.2 后勤管理包括：

（1）钥匙的发放。

（2）办公用品的发放。

（3）仪器仪表的发放。

4. 管理规定

4.1 试用期工资标准及待遇

4.1.1 试用期人员的工资标准及相关待遇均依据《试用合同书》的规定执行，表现特别突出需要奖励的，由用人部门经理提出，报总经理批准后实施。

4.1.2 起薪日期：以人力资源调配单日期为起薪日；发放日按《公司薪酬管理制度》执行。

4.2 试用期辞退

4.2.1 试用期间发现不符合录用条件的。

4.2.2 发现所呈报材料和证件有虚假的。

4.2.3 有违法违纪行为的。

4.2.4 不能胜任本岗工作的。

4.2.5 事假累计 5 天以上（含 5 天，符合公司规定的丧假除外）。

4.2.6 病假累计 7 天以上（含 7 天，住院除外）。

4.2.7 旷工 1 天以上（含 1 天）。

4.3 考核转正

4.3.1 用人部门根据新员工在试用期的表现，会同人力资源部综合其全部表现给出是否录用的意见，报总裁批准。

4.3.2 决定录用的员工由人力资源部组织与其沟通，征询本人意见并指出优缺点，达成一致方能进入正式签订劳动合同程序。

4.3.3 有本岗位实际工作经验，在人品（遵章守纪、爱岗敬业、乐于奉献等）、能力（知识、技能、经验等）和态度（责任心和激情等）等方面达到要求，非常胜任本岗工作，可以直接签订 1 年到 3 年期合同。

4.3.4 无本岗位实际工作经验的或在学历、技术职称等方面未完全达到公司要求，试用期考核合格，转入实习期，实习期限为 6 个月到 1 年；应届大学毕业生试用期考核合格后，均进入实习期。

4.3.5 实习期满，经考核合格，转为正式员工。

4.3.6 试用转正必备的资料。

（1）本人申请和工作总结（内容包括对试用期工作的回顾、总结，对公司企业文化的理解；自己在工作中的优点及不足，如何改进存在的不足；对今后工作

（的设想、建议等，不少于××字）。

（2）指导教师的推荐信（对试用员工在试用期间的综合表现进行评价，不少于××字）。

（3）部门考评成绩和经理意见。

（4）人力资源部与试用员工沟通情况和平时跟踪情况汇总。

（5）履行《试用合同书》情况评价。

（6）与原雇主解除劳动关系的证据、职位证明，申明个人档案转移和保存方式，原保险福利的办理情况。

4.3.7 转正流程。

本人申请→部门同意→人力资源部沟通和审核→领导批准→双方签约。

拟定		审核		审批	

三、新员工转正管理制度

标准文件		新员工转正管理制度	文件编号	
版次	A/0		页次	

1. 目的

为规范公司员工试用期/考察期管理与转正评估事项，特制定本制度。

2. 适用范围

适用于处于新入职试用期、转岗或升级考察期的员工。

3. 考核管理权限

转正绩效评估由人力资源部配合用人部门共同完成；权责界定遵循用人部门管理、人力资源部监督的原则。

4. 管理规定

4.1 试用/考察期限

新入职人员试用期一般为3个月，应届毕业生为6个月；转岗或升级人员考察期一般为3个月。

4.2 试用期/考察期评估程序

4.2.1 转正申请提交。

（1）试用期或考察期拟结束前5个工作日，人力资源部通知用人部门，根据试用期或考察期的表现，结合岗位要求，安排员工写"转正申请"。业务人员达到业绩标准，可以提前申请转正。

（2）被评估人撰写的"转正申请"必须包括个人总结、近6个月到1年的工作计划及自我鉴定，总结及自我鉴定中必须有正面和负面因素的内容。转正申请必须使用公司信笺，并注有日期和个人签名，交与直接上级审阅后，递交人力资源部。

4.2.2 转正评估。

（1）评估通知：人力资源部在试用期或考察期拟结束前5个工作日前通知全部的评估人，并按时收集总结和评估意见。

（2）评估要求：任何评估都必须由评估人单独填写"评估意见表"必须使用公司信笺，且评估人必须亲笔签字并署日期直接交与人力资源部；"评估意见表"中必须包含正反两方面内容。

（3）评估人员确定：一般员工要求两位直接上级、两位部门同事做出评估；主任级别员工要求两位直接上级、两位关联跨部门经理或主任、两位部门同事作出评估；部门副经理以上员工要求两位直接上级、全部部门经理和总监、三位部门同事作出评估。

（4）评估总结：人力资源部根据各部门的评估意见撰写"评估总结"，并向被评估人直接上级递交"评估总结"副本，并安排次日的评估面谈。

（5）重大问题处理：人力资源部对于评估意见中的重大问题必须作出专项调查，并在一周内出具调查报告，递交人力资源总监和总经理。

4.2.3 转正面谈。

（1）面谈人员确定：一般员工要求被评估人与直接上级、人力资源专员进行面谈，主任级别员工要求被评估人与直接上级、人力资源部经理进行面谈，副经理以上级别要求直接上级、人力资源经理进行面谈，如有必要人力资源部可安排其他部门负责人或总经理参加。

（2）面谈主持：评估面谈由被评估人直接上级担任主持，由人力资源部解释评估面谈的意义，主持人必须当面向被评估人宣读评估总结，并要求被评估人对于"评估总结"提出个人意见和解释，并回答是否接受该总结。

（3）面谈记录及改进：如果被评估人接受评估总结，人力资源部必须出具评估"面谈记录"，并要求被评估人在"评估总结"中签字，同时给予被评估人正式"评估总结"的副本。

4.2.4 改进计划。

（1）面谈结束后，要求评估人针对负面评估作出"改进计划"，3个工作日内提交。

（2）被评估人的"改进计划"经其直接上级确认后，由直接上级提交人力资源部。

4.2.5 转正审批。

用人部门负责人、人力资源部及总经理根据各部门的评估意见及被评估人的"改进计划",在"员工转正审批表"中做出转正审批意见。

4.2.6 文件存档。

人力资源部将"转正申请"、全部"评估意见表"和"评估总结""面谈记录""改进计划""员工转正审批表"作为员工档案保存。

4.3 试用期／考察期员工转正或辞退／转岗

4.3.1 如员工转正经各级领导审批通过,并将"改进计划"交与人力资源部,人力资源部则发出"员工转正通知书"一式两份由员工签字,一份交与员工本人,另一份留存人力资源部归档。

4.3.2 被评估人在试用过程中评估不合格或不接受评估意见拒绝拟订"改进计划",则由人力资源部协调处理(考虑延长试用期／考察期,但延长时间不得超过 3 个月;延长期结束后仍不能达到该岗位绩效标准的,将终止聘用关系);如协调或不能达成一致意见,则考虑予以辞退,进入"离职流程"。

4.3.3 新员工在考察过程中认为不适合应给予转岗或降职者,由公司讨论进行转岗或降职安排。

| 拟定 | | 审核 | | 审批 | |

第三节 员工聘用管理表格

一、人力资源需求申请表(增员)

人力资源需求申请表(增员)

编号:

	职位名称		需求人数		申请日期	
申请职位	所属部门		现有人数		期望到职日期	
	联系电话		工作地点		可相互转换的职位	
申请理由	A. 增设职位: B. 原职位增加人力: C. 储备人力:					

续表

职位信息	工作内容及职责：								
任职要求	性别		年龄		专业		户籍		
^	1. 经验： A. 中专学历（　　　）年工作经验。 B. 大专学历（　　　）年工作经验。 C. 本科学历（　　　）年工作经验。 D. 行业背景。								
^	2. 培训经历：								
^	3 专业知识及技能：								
^	4. 性格特征：								
部门负责人： 签字：　　年　月　日			人力资源部经理： 签字：　　年　月　日				总经理办公室： 签字：　　年　月　日			
备注	1. 请提供部门组织结构图、人员分工。 2. 本表由总经办签字生效。								
实际录用和到位情况（由招聘专员填写）										
^							签字：　　年　月　日			

二、人力资源需求申请表（补员）

人力资源需求申请表（补员）

编号：

申请职位	职位名称		需求人数		申请日期	
^	所属部门		现有人数		期望到职日期	
^	联系电话		工作地点		可相互转换的职位	
申请理由	A. 原职位离职； B. 原职位调动； C. 其他。					
申请人意见				签字：　　年　月　日		
部门负责人： 签字：　　年　月　日				人力资源部经理： 签字：　　年　月　日		

续表

备注	1. 适用于员工异动补充。 2. 如申请职位的职位描述、任职资格及薪酬等项目有调整，请在申请意见中注明。
实际录用和到位情况（由招聘专员填写）	签字：　　　　年　　月　　日

三、人力资源需求申请变更单

人力资源需求申请变更单

编号：

申请职位	职位名称		所属部门	
	直接负责人		联系电话	
更改原因：			更改项目：	
部门负责人： 签字：　　年　月　日		人力资源部经理： 签字：　　年　月　日		总经理办公室： 签字：　　年　月　日
备注	1. 补员更改由需求部门主管签署意见生效。 2. 增员更改由总经办签署意见生效。			

四、部门年度人力需求计划表

部门年度人力需求计划表

填制日期：_____年___月___日

职位名称	现有人数	本年度缺编人数	本年度计划减员人数	下年度储备人数	下年度拟招聘人数
部门经理： 签字：　　年　月　日		总经理： 签字：　　年　月　日		人力资源部经理： 签字：　　年　月　日	
备注					

五、年度人力需求计划报批表

年度人力需求计划报批表

日期：_____年____月____日

职位名称	现有人数	本年度缺编人数	本年度计划减员人数	下年度储备人数	下年度拟招聘人数

计划安排	时间	工作内容

费用预算	项目	金额
	合计	

人力资源部意见	领导签字： 日期：
总经办审批意见	领导签字： 日期：
备注	

六、招聘计划表

招聘计划表

制表日期：_____年____月____日

招聘目标		
职位名称	数量	任职资格
信息发布渠道和时间：		

续表

招聘小组成员			
组长		职责	
组员		职责	
选拔方案及时间安排			
招聘职位	步骤	负责人	截止时间
费用预算			
项目			金额（元）
招聘工作时间表			
时间			工作内容
制定人		人力资源部经理签字	

总经理办公室意见：

领导签字： 日期：

七、应聘者电话沟通记录表

应聘者电话沟通记录表

序号	沟通内容	沟通所得信息
1	了解其最近供职的两家公司的名称、规模、所在职位组织架构及人员分工	
2	对照职位说明书，了解其以往日常工作内容及职责	
3	求职动机，对决策的了解程度	
4	离职原因及可开始工作时间	

续表

序号	沟通内容	沟通所得信息
5	离职前薪资及收入期望	
6	目前所在地及个人生活状态	
7	解答应聘者的问题	
8	可面试时间	
9	辞谢或再约面试时间	

八、招聘情况反馈分析表

招聘情况反馈分析表

日期：_____年____月____日

需求职位	
需求提出时间	
要求到岗时间	
招聘渠道	
现场招聘会	共参加（　　　　）场招聘会，分别为：
招聘费用	
收到简历	
有效简历	
初试人数	
推荐人数	
招聘难点	
建议	

九、面试通知书

面试通知书

××先生／女士：

　　我代表××公司很高兴地通知您，请您于____月____日____时携带以下资料到本公司参加面试：

1. 面试通知书

续表

2. 身份证原件及复印件一份 3. 学历证原件及复印件一份 4. 资格等级证书原件及复印件一份 5. 一寸免冠近照 2 张 相关事宜： 公司地址： 公司电话； 乘车路线： 若有任何疑问，请随时向人力资源部提出。

十、录用决定审批表

录用决定审批表

应聘人姓名	
机构名称	
部门	
拟聘级别	
拟聘职位	
面试人	
薪资\福利情况 （人资填写）	
入公司日期	
综合评估 （面试负责人填写）	签字：　　　　年　　月　　日
人力资源部经理意见	签字：　　　　年　　月　　日
总经理意见	签字：　　　　年　　月　　日
总经理办公室意见	签字：　　　　年　　月　　日

十一、背景调查电话交流记录表

背景调查电话交流记录表

_____已向我公司提交求职申请书,我代表本公司人力资源部想向您了解以下情况:

序号	交流问题	交流记录
1	请您确认(应聘者)在贵公司的工作时间	从____年___月___日至____年___月___日
2	请问贵公司的规模/网址	
3	(应聘者)在贵公司任职期间的职位	
4	(应聘者)工作职责的简单描述	
5	(应聘者)的最终薪金水平	_____元/月,_____元/年
6	(应聘者)的品行	
7	(应聘者)的工作表现是否令人满意	
8	(应聘者)与同事、上司的关系	
9	(应聘者)离职原因	
10	非常感谢您与我交流,您是否还有其他情况要补充	

记录人: 　　　　　　　　　　　　　　记录日期:

十二、入职审批表

入职审批表

应聘职位:

姓名		性别		出生年月		政治面貌		照片
学历		毕业院校				专业		
身高		健康状况				婚姻状况		
身份证号码			手机			电子邮件		
通信地址						邮编		
家庭地址						家庭电话		
现工作单位			职称			现从事的专业/工作		
掌握何种外语				程度如何有无证书				
技能与特长				技能等级				
个人兴趣								

续表

个人简历	起止时间	工作单位、担任职务		证明人	联系电话

家庭成员情况	姓名	关系	工作单位、担任职务	联系电话

欲离开原单位的主要原因		曾经/现在工资情况	
接受过何种培训			
收入期望	元/年	可开始的工作日期	
晋升期望（职位、时间）			
培训期望（内容、日期、时间）			
用人部门意见（签字）			
人力资源部意见（签字）			
公司领导意见（签字）		执行情况	自____年____月____日开始试用____个月，初定工资_____

自愿保证：本人保证表内所填写内容真实，如有虚假，愿受解职处分。

申请人签名： 日期：

十三、面试评价量表

面试评价量表

应聘人名		性别		年龄		工号		
应聘职位				原单位				
评价方向	评价要素	评价等级				
		1（差）	2（较差）	3（一般）	4（较好）	5（好）
个人基本素质评价	1. 仪容和仪表					
	2. 语言表达能力					
	3. 亲和力和感染力					
	4. 诚实度					
	5. 时间观念与纪律观念					

续表

评价方向	评价要素	评价等级				
^	^	1（差）	2（较差）	3（一般）	4（较好）	5（好）
个人基本素质评价	6. 人格成熟程度（情绪稳定性、心理健康等）					
^	7. 思维的逻辑性、条理性					
^	8. 应变能力					
^	9. 判断分析能力					
^	10. 自我认识能力					
相关的工作经验及专业知识	11. 工作经验					
^	12. 掌握的专业知识					
^	13. 学习能力					
^	14. 工作创造能力					
^	15. 所具备的专业知识、工作技能与招聘职位要求的吻合性					
录用适合性评价	16. 个人工作观念					
^	17. 对企业的忠诚度					
^	18. 个性特征与企业文化的相融性					
^	19. 稳定性、发展潜力					
^	20. 职位胜任能力					

人才优势评估		人才劣势评估	

评价结果			
建议录用	安排再次面试	储备	不予录用

十四、新员工报到手续表

新员工报到手续表

（说明：本表于报到当日交给员工，在转正时附评估表一起存档）

事宜	执行人	日期
_____年____月____日到办公室报到，试用期至_____年____月____日		

续表

事宜			执行人	日期
以下工作由办公室负责				
□交验毕业证书、学位证书、身份证、照片并存档				
□交验其他证书及在简历中提到的证明材料				
1.	2.	3.		
□交验《与原单位解除劳动关系证明》				
□填《员工登记表》，签署劳动合同、保密协议				
□通知办公室办理工作卡等事宜				
□报到日培训				
□新员工入职介绍				
以下工作由部门与新员工共同完成				
□安排办公位置		新员工		责任人
□交付必要的办公用品		新员工		责任人
□如需要，申请电子信箱		新员工		责任人
□如需要，填写名片印制申请表		新员工		责任人
□直接主管介绍本部门和相关部门的同事		新员工		责任人
□直接主管讲解新员工的工作内容和职责		新员工		责任人
□直接主管选定指导顾问		新员工		指导顾问
□入职一周内由主管和新员工共同设定试用期培训考核目标		新员工		上级主管
□阶段性评估				
第一次：结果		新员工		评估人
第二次：结果		新员工		评估人
新员工集训				
□时间		新员工		办公室
办公室平时访问（电话或其他方式，包括正式及非正式场合）：				□有　□没有
转正前确认				
体检结果是否可以转正□可以　□不可以：				
				负责办理人：

十五、试用期第____月份综合评估表

试用期第____月份综合评估表

姓名		岗位	
部门		试用期限	
员工自评	另附（内容：试用期工作任务及完成情况、对公司规章制度的遵守情况、工作态度、今后在公司的发展计划等）			
直接领导评语	直接领导签字：　　　　　年　　月　　日			
部门经理评语	部门经理签字：　　　　　年　　月　　日			
人力资源部评语	部门盖章：　　　　　　　年　　月　　日			
分管领导审核	分管领导签字：　　　　　年　　月　　日			

十六、新员工转正申请表

新员工转正申请表

（以下栏目由新员工填写）			
姓名		职位	
部门		入职时间	
导师姓名		部门及职务	
新员工试用期间工作总结（内容：对试用期工作的回顾、总结，对公司企业文化的理解；自己在工作中的优点及不足，如何改进存在的不足；对今后工作的设想、建议，等等，不少于××字）： 申请人：　　　　　年　　月　　日 （此页不够请附页）			
（以下栏目由导师及相关负责人填写）			
导师总结（对新员工品行、能力和态度的综合评价以及自身指导的评述，不少于××字）： 签字：　　　　　　　年　　月　　日			

（续表见下页）

续表

部门经理意见（对新员工转正的意见）： 提前转正□　按期转正□　延期转正□			签字：　　　　　　年　月　日	
部门经理对导师的评价： 优秀□　良好□　一般□　有待提高□			签字：　　　　　　年　月　日	
人力资源部任用意见： □同意按期转正 □建议延长试用期继续考察 □建议解聘 人力资源部盖章：　　日期：		副总经理： 日期：		总经理审批： 日期：

十七、试用期员工考核表

试用期员工考核表

姓名		岗位名称			
部门		直属上级			
员工自评（来公司后在遵章守纪、岗位适应程度、工作态度等方面的表现，今后的打算）	员工（签字）　　　　日期：　　年　月　日				
部门领导评语（根据考核结果综合评价）	主管（签字）　　　　日期：　　年　月　日				
试用期得分	行为（30分）	能力（40分）		业绩（30分）	总分
	遵章守纪 （10分）	基础知识 （15分）		完成数量 （15分）	
	责任心 （10分）	专业技能 （15分）		完成质量 （10分）	
	协作精神 （10分）	经验 （10分）		改进度 （5分）	
人力资源部意见					
主管副总经理意见					

十八、试用期员工转正面谈表

试用期员工转正面谈表

员工姓名			部门及岗位	
沟通时间	____年___月___日___时___分 至___时___分止		沟通地点	
沟通内容	企业文化认知度			
	团队氛围			
	对公司的意见和建议			

员工签字：
日期：

访谈人签字：
日期：

注：《试用期员工转正面谈表》需与转正手续一同报至人力资源中心。

十九、试用期员工转正通知书

试用期员工转正通知书

您好：

  很高兴地通知您，经过试用期间的综合考评，您已经顺利地通过了本公司的转正审核，自_____年____月____日起成为本公司的一名正式员工。

  特此通知并表示祝贺！

××公司人力资源部
_____年___月___日

二十、续聘人员汇总表

续聘人员汇总表

填表日期：_____年___月___日

部门（公司）	姓名	学历	聘任职位	累计任期	考核成绩是否达标	拟续聘用任期

说明：此表适用于主管级及以下人员，用人部门填写完交人力资源部审核，然后报总经理批准生效。

总经理审批：   人力资源部：   部门负责人：
日期：   日期：   日期：

第四章

员工培训管理

第一节 员工培训管理要领

一、员工培训的实施步骤

企业在对员工培训时，一般按照以下步骤进行实施：

1. 培训计划

（1）培训需求调查表的发放、汇总。

一般来说，人力资源部每年年初都会发放员工培训需求调查表，部门负责人结合本部门的实际情况，将员工的培训需求调查表汇总，并于年初一个月底前上报人力资源部。

（2）培训计划实施方案。

人力资源部结合员工自我申报、人力资源考核、人力资源档案等信息，制订公司的年度培训计划。并根据年度培训计划制订实施方案。实施方案包括培训的具体负责人、培训对象、确定培训的目标和内容、选择适当的培训方法、选择学员和教师、制作培训计划表、培训经费的预算等。

2. 实施培训

（1）培训计划的实施调整。

培训实施过程原则上应依据人力资源部制订的年度培训计划进行，如果需要调整，则必须由人力资源部来实施，内部培训期间由人力资源部监督学员出勤情况，并以此为依据对学员进行考核。

（2）培训计划实施记录、存档。

人力资源部负责对培训过程进行记录，保存过程资料，如电子文档、录音、录像、幻灯片等。培训结束后以此为依据建立公司培训档案。

3. 培训评估

（1）培训评估的方法。

人力资源部负责组织培训结束后的评估工作，以判断培训是否取得预期培训效果。培训结束后的评估要结合培训人员的表现，作出总的鉴定。也可要求受训者写出培训小结，总结在思想、知识、技能、作风上的进步，与培训成绩一起放进人力资源档案。

（2）培训评估的分类。

培训评估包括测验式评估、演练式评估等多种定量和定性评估形式。

二、员工培训的组织管理

企业在对员工培训时，需要做好以下的组织工作：

1. 培训的组织

公司人力资源部负责培训活动的计划、实施和控制。基本程序如下：
（1）培训需求分析。
（2）设立培训目标。
（3）设计培训项目。
（4）培训实施和评价。
其他各部门负责协助人力资源部进行培训地实施、评价，同时也要组织部门内部的培训。

2. 建立培训档案

（1）建立公司培训工作档案，包括培训范围、培训方式、培训教师、培训往来单位、培训人数、培训时间、学习情况等。
（2）建立员工培训档案，将员工接受培训的具体情况和培训结果详细记录备案，包括培训时间、培训地点、培训内容、培训目的、培训效果、自我评价、培训者对受训者的培训评语等。

第二节　员工培训管理制度

一、公司培训体系管理制度

标准文件		公司培训体系管理制度	文件编号	
版次	A/0		页次	

1. 目的

为规范和促进公司培训工作持续系统地进行，创造良好的学习氛围，提升员工专业技能和素质，增进团队绩效，促进公司经营目标的实现和公司与员工的共同发展，特制定本制度。

2. 适用范围

本制度适用于公司培训体系、培训资源的建设与管理以及培训计划实施所涉及的各个环节。

3. 培训体系

3.1 培训职责

3.1.1 人力资源部为公司培训工作的主要管理部门，其职责为：

（1）制定和修改公司培训管理制度。

（2）拟订实施全公司年度培训计划。

（3）组织或协助完成全公司各项培训课程。

（4）检查、监督和评估培训的实施情况。

（5）管理和控制培训费用。

（6）管理和建设公司内部讲师队伍。

（7）负责对各项培训记录的存档和教材的建设管理。

（8）负责培训效果追踪考查。

3.1.2 各部门负责人培训职责：

（1）制订和实施部门培训计划。

（2）收集部门员工培训需求。

（3）负责部门专业培训教材建设。

（4）负责部门培训的实施和效果反馈。

（5）确定部门内讲师人选，支持讲师培训工作。

3.2 培训内容

3.2.1 专业知识培训：员工从事本职或相关联工作应具备的基本知识培训。

3.2.2 专业技能培训：员工胜任本职或相关联工作应具备的岗位专业技能培训。

3.2.3 道德素质培训：构建公司和员工之间信任与和谐劳动关系的职业道德培训。

3.2.4 文化制度培训：公司推行的企业文化、管理体系、规章制度方面的培训。

3.3 培训形式与考核

3.3.1 内部培训。

（1）新员工岗前培训：人力资源部和部门对新员工组织的知识和技能方面的培训。

（2）岗位技能培训：各部门根据培训计划有针对性地组织各岗位技能培训。

（3）转岗培训：员工调换工作岗位时由调入部门组织的岗位技能培训。

3.3.2 外部培训。

是指公司根据发展需要，统一组织的外派培训或部门根据部门工作需要经申请且批准的外部学习。

3.3.3 培训考核。

（1）培训结束后，由讲师根据课程自行决定培训考核方式。培训考核方式包括闭卷考试、开卷考试、撰写心得报告、培训座谈会、建设提案、课堂随机抽查、现场操作等。

（2）以下培训必须组织试卷类考试考核：

- 新员工入职通用培训
- 与体系认证、客户审厂关联紧密部门的岗位技能培训
- 生产部、质控部新员工取得上岗证的培训
- 生产部、质控部被列入公司年度培训计划且要求考试考核的培训
- 公司有特殊要求的其他培训

3.3.4 员工培训实行学分制。

（1）学分要求。生产部一线作业员36学分／年，技师以上、办公室职员30学分／年。

（2）学分认定。培训课程结束经考核合格，每课时对应1学分，以培训记录为准。

（3）学分统计。每年1月份对员工上年度所取得的学分进行统计。生产部、质控部员工由主管或助理负责学分统计，办公室职员由人力资源部负责学分统计。

（4）学分与晋升。培训学分列入公司员工职位晋升的考核项目，因个人原因未达到规定学分的不得晋升，但特殊情况经公司总经理（副总经理）核批可不受此限。

（5）学分与年终奖。学分统计后，由人力资源部汇总，报总经办和财务部，作为员工年终奖考核参考项目。

3.4 培训档案管理。

3.4.1 人力资源部负责培训档案的归档管理，并负责建立员工培训档案。

3.4.2 培训档案包括培训需求调查、培训计划、培训教材、讲师档案、培训签到表、考试试卷、培训心得报告、考核记录等。

3.4.3 培训档案的存档管理。

（1）内部培训前，授课讲师将该培训课程的教材或试卷交人力资源部审核存档。培训结束后，讲师在一个星期内将员工接受培训的过程和结果记录交由人力资源部存档保管。

（2）生产部、质控部组织的每月常规培训记录，在次月15日前交人力资源部审核存档。

（3）经公司批准的外部培训，外训员工在培训结束后一个星期内，将培训资料及所取得的证书复印件交人力资源部存档。

（4）人力资源部根据培训记录资料，建立纸质或电子类员工培训档案进行管理。

（5）人力资源部在每年1月份将上一年度培训档案进行分类整理，交文控中心存档。

3.4.4 培训档案存档期限。培训档案存档期限一般为3年，培训档案到期经公司领导审核批准后予以销毁。

4. 培训资源建设与管理

4.1 培训讲师

4.1.1 公司整个培训体系中，以内部培训讲师为主，着重建立一支知识水平高、业务精湛、素质优秀的内部讲师队伍。

4.1.2 内部讲师队伍建设与管理。

（1）公司内部讲师队伍的建设与管理由公司总经理（副总经理）直接领导。

（2）人力资源部为内部讲师的主要管理部门，负责讲师的评审、认定、发证、评级、聘任、考核等环节的组织和实施。

（3）各部门负责人协助人力资源部管理内部讲师，支持本部门内部讲师工作。

4.1.3 内部讲师任职资格（符合以下任意两个条件即可）。

（1）高中或中专以上学历，在公司服务满半年。

（2）具备较为丰富的管理经验，具有较强的语言表达能力和亲和力。

（3）具有较为丰富的工作经验，工作业绩突出，精通公司某方面业务。

（4）具有某方面专业资格证书（如职业资格证书、体系认证证书、各类等级证书等）。

（5）公司总经理（副总经理）特别批准的其他人。

4.1.4 内部讲师评选流程。

（1）员工个人自荐或由所在部门推荐，填写"内部讲师自荐／推荐表"报人力资源部。

（2）人力资源部收到"内部讲师自荐／推荐表"后，安排试讲或资质考察，初步确定名单。

（3）人力资源部将初步确定的讲师名单依次报副总经理、总经理审批。

（4）经最终审批通过者，由人力资源部颁发讲师证书，该证书有效期为一年。

4.1.5 内部讲师工作职责。

（1）参与培训课程需求调研，向人力资源部提供准确的员工和部门培训需求信息。

（2）开发设计有关课程，如培训标准教材、案例、PPT、试卷及答案等，并定期改进。

（3）制订和落实与已相关的培训计划，按时保质保量地完成授课任务。

（4）负责培训后的效果考核、阅卷，根据结果改进授课。

（5）协助负责人制订和实施所在部门的内部培训计划。

4.1.6 内部讲师级别。

（1）内部讲师分以下三个级别：助理讲师、中级讲师、高级讲师。

（2）讲师级别从助理开始逐级升级，公司每年度组织一次级别升级，由讲师在年度考核中提出申请。级别申请经批准后，人力资源部收回原有证书，换发新证书。

（3）讲师升级条件。

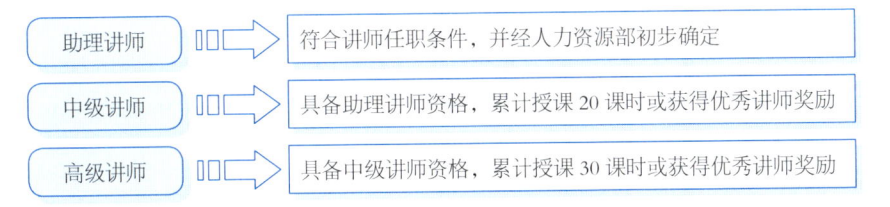

助理讲师	⇨	符合讲师任职条件，并经人力资源部初步确定
中级讲师	⇨	具备助理讲师资格，累计授课 20 课时或获得优秀讲师奖励
高级讲师	⇨	具备中级讲师资格，累计授课 30 课时或获得优秀讲师奖励

（4）培训讲师享有以下权益：

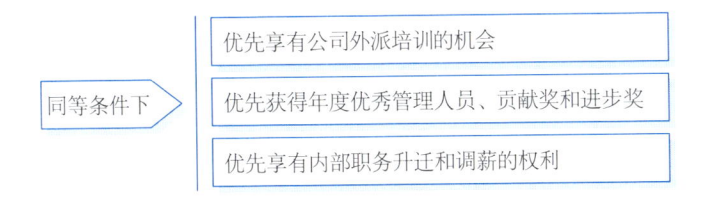

同等条件下	优先享有公司外派培训的机会
	优先获得年度优秀管理人员、贡献奖和进步奖
	优先享有内部职务升迁和调薪的权利

（5）公司每年度评选 1—2 名优秀讲师名额，颁发证书和给予现金奖励。

（6）助理级讲师培训津贴××元/课时，中级讲师××元/课时，高级讲师××元/课时。每月由人力资源部提出预算，报副总经理审核批准发放。

4.1.7 内部讲师考核方法。

（1）培训记录考核。内部讲师应严格按培训流程授课，课程需有相应记录，人力资源部以文字性培训记录资料作为讲师考核的标准之一。

（2）授课即时考核。内部讲师培训结束后，人力资源部以"培训效果评价表"对讲师当堂授课质量进行评估考核。

（3）讲师年终考核。人力资源部每年对内部讲师进行一次年度考核，考核安排在每年 12 月份或次年 1 月份。

（4）在人力资源部组织的讲师考核中，如果考核成绩连续两次低于 60 分或年终考核不及格，报总经理批准后，给予降级或撤销内部讲师资格。

4.1.8 培训授课人都必须持证上岗，无人力资源部颁发的讲师证不得授课。

4.2 培训教材

4.2.1 培训教材包括内部教材和外部教材，载体为文字、图片、电子文档、录音、录像等。

4.2.2 培训教材分为公司级和部门级教材。公司级培训教材是指适合多部门人员培训或与公司生产经营和管理水平提升相关的培训资料，部门级教材是指维持本部门各岗位工作需要的各类培训资料。

4.2.3 培训教材的管理。公司所有培训教材由人力资源部指定部门或内部讲师编写提供，并由人力资源部统一管理。

4.2.4 内部培训教材来源于以下渠道：

（1）根据公司各项规章制度和管理体系文件编写。

（2）根据部门岗位专业技能特点编写。

（3）企业发生的重大事件案例。

（4）人力资源部或内部讲师自主开发。

（5）参考公司购买的音像、书籍等。

4.2.5 外部培训教材。

（1）采用外部电子文档类教材，讲师必须先编辑，教材中不允许出现其他公司的 Logo 和名称，否则视为不规范教材，不得在培训时使用。

（2）引进外部教材需结合公司实际生产经营和需求状况，注重消化和吸收。

4.2.6 公司级培训教材。

（1）公司级培训教材目录。

（2）完整的培训教材应包括教材、试题及标准答案等内容。

（3）公司级培训教材由副总经理审核批准后方能列入公司级教材目录，人力资源部以电子文档形式独立编制成册，统一存档管理。

（4）非特殊培训需要，公司鼓励讲师采用节约资源、内容丰富的电子档教材的多媒体授课方式，减少纸质类印刷教材。

（5）各指定责任人或内部讲师负责教材内容的修改编辑等维护，保证教材的适用性。

4.2.7 部门级培训教材

（1）公司各部门建立本部门培训教材目录，目录中要注明教材的适用对象或职位以及适用的培训阶段。

（2）各部门根据部门性质建立的部门培训教材，可以引用公司级教材目录中的有关教材。

4.2.8 临时培训课程教材。公司临时指定人员、指定内容进行的培训，其教材可以自编，但在使用前需经副总经理审核并报人力资源部存档。

4.3 培训设施

4.3.1 公司培训设施包含培训室、桌椅、白板、教材、电脑、投影仪、移动硬盘、U盘等。

4.3.2 公司各项培训设施依照资源共享、充分利用的原则由人力资源部统一管理。

4.3.3 因使用不当、粗心大意等原因造成可移动设施设备损坏或丢失，追究不到具体责任人的，由培训授课人照价赔偿。

4.4 培训经费

4.4.1 培训经费由培训设施投入、教材购置、讲师津贴、外部培训费用等组成。

4.4.2 培训经费列入公司培训费用预算，按公司财务管理相关规定执行。

5. 年度培训计划与实施

5.1 培训需求调查

5.1.1 根据公司整体战略，人力资源部每年12月在全公司范围内组织培训需求调查。

5.1.2 人力资源部制定员工和部门培训需求调查方案并实施，各部门负责人将本部门需求信息进行汇总后交人力资源部。人力资源部对培训需求调查所收集的信息进行分析和整理，撰写调查结果报告。

5.2 制订培训计划

5.2.1 根据员工和部门培训需求调查结果，人力资源部编写公司年度培训方案，初步制订公司年度培训计划并公示。经公示对培训课程、时间、授课讲师等内容无异议，呈交公司副总经理审核批准。经副总经理签字批准的年度培训计划由人力资源部以文件形式下发公司各部门。

5.2.2 各部门根据部门工作的需要，确定本部门培训需求并制订部门年度培训计划，同时反馈给人力资源部进行统一规划。

5.2.3 体系认证、客户相关联部门的岗位技能培训列入公司年度培训计划。

5.2.4 公司规定的属于生产重点岗位的技能培训列入公司年度培训计划。

5.3 实施培训计划

5.3.1 为便于计划的实施和控制，人力资源部可将年度培训计划分解为季度和半年度计划，编制分解后的培训清单。

5.3.2 每月月初，人力资源部发布本月培训通知，提醒讲师备课和学员按时参加培训。

5.3.3 人力资源部负责监督培训计划的实施，提供教材、设施及后勤等方面的协助。

5.4 培训计划延期

5.4.1 培训计划一经发布，各部门和授课讲师必须严格按培训计划规定的时间和课程内容执行，不得随意变更。

5.4.2 如因客观因素或不可抗力导致培训无法按计划执行，部门或讲师必须以书面形式知会人力资源部，陈述理由，经批准后可适当延期，并确定延期期限。培训课程内容变更的，需副总经理签字同意，否则该培训无效，视为不执行培训计划。

6. 培训实施

6.1 新员工岗前培训

6.1.1 新员工实行"先培训，后上岗"的原则。

6.1.2 新员工培训是员工所属部门负责人及人力资源部的共同责任，在员工报到后至正式上岗的期限内执行，培训内容包括通用培训和专业培训。人力资源部负责新员工的通用培训，所属部门负责专业培训。

6.1.3 通用培训。

（1）新员工办理入职手续后，属于办公室职员的发放"新员工入职培训引导表"，人力资源部安排组织通用培训，通用培训不少于××课时。

（2）通用培训统一使用《入职通用培训教材》及考试试题，内容包括：公司沿革、理念、规模、发展前景和组织机构，ISO和5S知识，公司规章制度，行为规范，安全教育，企业文化、产品基础知识。

（3）通用培训后经考核合格者，由授课讲师填写"新员工入职培训引导表"中通用培训内容，交所属部门进行专业培训。

6.1.4 专业培训

（1）生产部新员工的专业培训由生产部依《生产部员工培训指引》的规定组织实施，人力资源部负责监督并将其培训记录收集存档。

（2）其他部门新员工到所属部门报到时，由部门负责人指定其入职引导人，参照培训引导表和部门培训教材确定专业培训内容清单，新员工按"新员工入职培训引导表"中确定的内容参加培训。各项培训指定人负责新员工指定内容的培训，如实记录培训过程。

（3）新员工专业培训基本内容包括：部门组织结构、部门文件和制度、岗位职能和技能、工作程序与方法、关键考核指标等。专业培训方式和课时根据部门具体情况由部门负责人确定。

（4）新员工入职引导人由熟悉本部门工作的员工担任，也可由部门负责人自己担任，主要工作是帮助新员工认识部门人员、熟悉工作环境，促使新员工较快地融入环境和投入工作。

（5）办公室职能部门需对新员工进行车间认识培训的，由部门填写"员工培训申请表"，并注明车间认识培训内容和时间，经批准后由人力资源部安排实施。

6.1.5 新员工岗前培训考核。

（1）新员工岗前培训后应进行考试或技能考核，其成绩记入员工培训档案。

（2）对第一次考试不合格者，给予一次补考机会；第二次补考不合格者，将给予延长试用期或辞退处理。

（3）生产部新员工的专业培训应注重岗位实操培训，考核方法以理论和实操考核相结合。具体按《生产部员工培训指引》相关规定执行。

6.1.6 员工试用期满，由于个人原因尚未参加新员工岗前培训的，不得转为正式员工。

6.1.7 新员工培训合格经部门负责人签字同意后开始正式上岗，并上交"新员工入职培训引导表"至人力资源部存档，属生产部、质控部员工的发放上岗证件。

6.2 岗位技能培训

6.2.1 岗位技能培训坚持"在工作中学习和在学习中工作"反复强化的原则。

6.2.2 岗位技能培训分管理人员（各部门负责人以上）和基层人员培训。

6.2.3 管理人员培训。

（1）培训目的：通过培训使管理人员更好地理解和执行公司高层的决策方针，提高部门管理水平，加强管理人员与公司高层的沟通，保持上下步调和节奏致。

（2）培训内容：侧重于观念和理念的培训，管理知识与技能、专业业务技能等。

（3）培训方式：

方式一	公司高层（总经理和副总经理）每季度至少对管理人员进行一次管理技能方面的培训。培训时间和内容由副总经理和总经理确定
方式二	条件适宜时，由总经办选派优秀管理人员参加外部培训
方式三	鼓励管理人员加强自我学习，努力提高管理水平和业务能力

6.2.4 基层人员培训。

（1）基层人员是指技术研发人员、销售人员、各类职能人员和生产一线的员工等。

（2）培训目的：深刻理解本岗位职责，掌握本岗位专业技能和业务流程。

（3）培训内容：岗位职责、专业技能、操作规程、业务流程、规章制度等。

（4）培训方式：

方式一	基层人员按公司和部门年度培训计划规定的培训课程进行培训
方式二	各部门每季度至少进行一次部门岗位技能培训，由部门负责人负责组织，列入部门年度培训计划，人力资源部负责监督与考核，该培训列入部门负责人绩效考核项目
方式三	生产部和质控部等重点岗位培训列入公司年度培训计划；体系认证、客户关联部门的岗位技能培训列入公司年度培训计划
方式四	生产部其他岗位技能培训具体按《生产部员工培训指引》相关规定执行
方式五	岗位技能培训以内部培训为主，条件适宜时聘请外部专家进行培训

6.2.5 培训计划外需组织的培训，由部门填写"员工培训申请表"并经副总经理同意后，由人力资源部利用公司资源组织实施。

6.3 外部培训

6.3.1 外部培训计划。外部培训由各部门在每年12月份部门年度培训计划中做出计划和预算，填写"员工外部培训申请表"并报副总经理审核签字。因工作关系临时外派的培训，由申请人或部门提出申请，总经理审核批准。

6.3.2 参加外部培训人员应有致力于长期服务于本公司的意愿，并与公司签订《培训协议》，培训期间正常享有公司工资待遇。

6.3.3 外部培训结束后，外派培训人员应于返回公司一星期内将外派培训期间所学习的教材和资料、个人所获得的证件证书、考试成绩或其他证明材料的复印件交到人力资源部登记备案，否则不予报销相关费用和享受带薪外部培训。

6.3.4 公司外派培训人员报销费用，应在返回公司后填写单据，由部门负责人、人力资源部、副总经理和总经理审核后按公司财务管理规定办理。

6.4 培训纪律

6.4.1 参加培训人员必须严格遵守培训纪律。

（1）所有培训人员应在指定的培训时间内准时到达培训地点，不得迟到。

（2）参加培训人员的手机等通信设备在培训前应设置为关机或振动状态。

（3）培训期间不得交头接耳、打瞌睡、玩弄手机，不得听音乐、阅读无关书籍。

（4）培训人员不得随意出入培训室，不得早退或签名后离开培训室。

（5）培训人员应专心听讲，认真做笔记，积极参与课堂互动。

（6）课后自觉将桌椅摆放整齐，保持地面清洁，清理桌内垃圾。

（7）参加认识或实地观看的培训，培训人员应听从讲师和车间管理人员安排，不得大声喧哗、随意走动。未经允许，不得触摸和操作任何设备，否则后果自负。

6.4.2 处罚规定。具有以下行为的给予××—××元罚款，并通报批评：

（1）未制订公司年度培训计划和部门培训计划的。

（2）无客观原因不按培训计划组织培训的。

（3）无客观原因和正常理由不参加培训的。

（4）培训经批准延期但日后未组织补上的。

（5）未组织培训而要求员工直接签名的。

（6）培训讲师不精心备课和不提供培训资料及教材的。

（7）不按规定时间提供或上交培训记录资料的。

（8）不按规定时间和内容提交培训心得报告的。

6.4.3 具有以下行为的视为不执行培训计划，按不组织培训给予处罚：

（1）无培训教材或使用不规范教材的培训。

（2）有培训但无培训记录的。

（3）提供虚假员工培训记录的。

（4）培训考核试卷不批改或不交人力资源部的。

6.4.4 培训人员培训前应安排好各项工作，如因工作原因需请假的，须提前2个小时向人力资源部提出请假申请，否则视为不参加培训，按不参加培训给予处罚。

6.4.5 违反培训纪律的行为，根据其情节给予××—××元罚款处罚。

拟定		审核		审批	

二、内部培训师管理制度

标准文件		内部培训师管理制度	文件编号	
版次	A/0		页次	

1. 目的

为了提高公司内部讲师培训的积极性，鼓励员工独立开发培训课程和实施公司内部培训，完善公司的培训体系，全面提高公司的培训质量和培训效果，特制定本制度。

2. 适用人员

公司所有被评选出的内部培训讲师。

3. 管理规定

3.1 内部讲师选拔流程

3.1.1 内部讲师甄选条件。

（1）已转正员工（在本公司任职满1年以上者优先），工作认真、努力，绩效显著。

（2）对所从事的专业有丰富的实践经验，且有一定的理论水平。

（3）有较强的书面和口头表达能力以及一定的培训能力。

（4）热心培训工作。

3.1.2 甄选流程。

（1）人力资源部发布内部讲师招募通知，员工可自愿报名或由部门领导推荐，并填写"内部讲师申请表"。

（2）人力资源部安排组织内部讲师评选会，通过"申请者的5分钟试讲"对内部讲师进行综合评估。评估主要包括三个方面：语言表达能力（口语与肢体）、逻辑思维、授课技巧。评估达到××分则可聘为公司储备讲师。

（3）储备讲师在以后的培训考核中连续三次达到××分以上，则可聘为正式讲师。储备讲师和正式讲师都享受授课奖励。

3.2 奖励办法

3.2.1 讲师独立开发常规培训课程（常规培训指入职培训、安全培训、试用期培训等，培训课程包括书面培训资料和PPT培训资料），经人力资源部审核后，并由人力资源部统一安排付诸实施的，以每门课程 ×× 元作为新课程的开发奖励。

3.2.2 讲师独立开发与工作相关的专业课程或者管理课程（包括书面培训资料和PPT培训资料），经人力资源部审核后，并由人力资源部统一安排付诸实施的，以每门课程 ×× 元作为新课程的开发奖励。

3.2.3 在公司人力资源部的统一安排下，讲师若给员工实施培训，公司将给予一定的课酬奖励：

培训课酬 = 基本课酬 × 课时数 × 难度系数 × 考核系数 × 职位系数

基本课酬	课时数	考核系数	职位系数
工作时间内 ×× 元/小时 工作时间外 ×× 元/小时	首次讲授时为 ×× 重复讲授时为 ××	优秀 ×× 良好 ×× 合格 ×× 不合格 ××	总经理 ×× 部门经理、主管 ×× 普通员工 ××

其中考核系数为学员对讲师的评价（占 ××%）+ 人事部对讲师的评价（占

××%)(见"培训效果评估表"学员评分、"培训效果考核表"人力资源部评分)。

3.2.4 对某些特殊车间或部门的培训负责人给予一定的补贴。

$$培训补贴=基本补贴×培训天数×考核系数$$

① 基本补贴：×× 元／天。

② 考核系数：优秀 ××；良好 ××；合格 ××；不合格 ××。

其中考核系数为学员对讲师的评价（占 ××%）+ 人事部对讲师的评价（占 ××%）。

3.2.5 讲师外训后结合实际工作编写成与工作相关的培训课程，经相关部门和人力资源部审核后，由人力资源部统一安排付诸实施的，也同样可以享受培训奖励。

3.2.6 每年年终根据所有讲师的培训资料、培训质量、培训效果和培训反馈对其进行综合评估，评选出一名优秀讲师，获得优秀讲师称号的将一次性给予其 ×× 元的奖励。

3.2.7 发放授课奖励的课程必须为人力资源部统一安排并经人力资源部考核合格的课程，发放时间为课程后期跟踪、总结完成后由人力资源部负责统一申报与支付。

3.2.8 人力资源部作为对内训师评审起最终监督和决定作用的一方，为能够掌握第一手信息，将不定期对学员进行访谈，了解内训师的授课效果。访谈产生的结果将成为人力资源部讲师绩效考评的依据，同时也可为人力资源部进一步开发讲师能力奠定基础。

拟定		审核		审批	

第三节　员工培训管理表格

一、公司级培训教材目录

公司级培训教材目录

编号	教材名称	编写部门	责任人	备注

拟制：　　　　　　　　　审核：　　　　　　　　　批准：

二、公司年度培训计划表

公司年度培训计划表

填表日期：_____年___月___日

序号	培训类别	培训内容	计划培训时间/课时	培训机构	培训地点	费用预算	参训部门/人员
计划培训总时数：			人均培训时数：		计划费用总额：		

三、部门级培训教材目录

部门级培训教材目录

部门	编号	教材名称	责任人	适用对象	适用阶段

说明：1. 适用对象：新员工／在岗人员／转岗人员
　　　2. 适用阶段：岗前培训／在岗／转岗培训。

拟制：　　　　　　　　　审核：　　　　　　　　　批准：

四、部门年度培训计划表

部门年度培训计划表

填表日期：_____年___月___日

部门：			人数：			年度：		
序号	培训内容	计划培训时间	培训课时	培训机构	培训地点	费用预算	参训人员	
计划培训总时数：			人均培训时数：			计划费用总额：		

五、培训心得报告

培训心得报告

姓名		工号		职务	
参加课程				讲师	
课程内容					
培训心得	（培训收获、启发、感想）				
培训改善建议					
工作建议					
核阅意见					

备注：1. 培训心得于培训后两天内提交人力资源部，不提交者按未参加培训处理。
　　　2. 部门主管以下人员由部门主管核阅，主管及以上人员由副总经理核阅。
　　　3. 培训心得报告不够纸张可以另附；
　　　4. 此表由人力资源部存档保管。

六、员工培训考核结果记录表

员工培训考核结果记录表

质量目标：

培训时间	培训课程	授课人	参加人数	第一次考核合格人数	第一次考核合格率	第二次考核合格人数	第二次考核合格率	备注

制表：　　　　　　　　　　　　审核：

七、新员工入职培训引导表

新员工入职培训引导表

姓名		工号		部门	
职务		学历		入职日期	
入职引导人		预定时间	年 月 日至 年 月 日		
项目	培训内容		课时	责任人	完成情况	签名
通用培训	公司的发展、理念、规模、前景和组织框架、企业文化等概况，公司规章制度（考勤/加班/门禁/人事/宿舍/离职等管理制度）、消防安全、行为规范、产品知识等						
专业培训	1					
^	2					
^	3					
^	4					
^	5					
	培训内容		课时	提供部门	完成情况	签名
其他培训							
^							
^							
^							

续表

自我鉴定	签名：
引导人意见	引导人签名：
部门意见	部门负责人：
人力资源部	人力资源部经理：

备注：1. 此表在新员工办理入职手续后发给新员工。
2. 培训责任人对新员工指定培训项目负责。
3. 入职引导人由部门负责人指定或担任。
4. 此表交人力资源部存档。

八、员工培训申请表

员工培训申请表

申请部门			
培训时间		总时数	
培训地点			
培训讲师		所需费用	
需培训人员			
培训内容		培训所需器材	
部门经理（主管）审核		人力资源部审核	
申请人		批准	

九、员工培训记录表

员工培训记录表

姓名			籍贯		
性别			工号		
出生日期			部门		
入厂日期			职位		
身份证号码			文化程度		
受训项目/培训日期	考核方式		考核成绩	结果	签名

十、员工外部培训申请表

员工外部培训申请表

姓名		工号		部门		职位	
受训机构				受训课程			
备注							
申请说明							
我个人希望参加上述机构所举办的培训，培训课程细目如下，所需经费希望由公司负担，此项培训必能增加我未来的工作效率，其中课程训练时间如有任何改变，我必依照公司规则通知有关部门。培训时间段内个人如触犯任何公司规则，愿意由公司扣除本人薪水以抵缴公司代付的学费。							
课程内容	名称		日期起		日期迄		学费
审核					核准		

十一、外部培训协议书

外部培训协议书

编号：

甲方：
乙方：　　　　　　　　　　部门：　　　　　　　　岗位：

　　本人因公司事业发展需要被派送到_____，参加时间____天，即从_____年____月____日至_____年____月____日。愿与公司共同遵守以下协议：
　　一、培训目的：

　　二、培训机构与培训科目：

　　三、培训期间本人愿意遵守培训机构的有关规定，维护本公司名誉，保证不泄露公司秘密。保证受训期间虚心学习，吸收所需知识技能，于受训期满后返回公司服务。如公司中途因工作需要要求中止受训，以公司利益为重，绝无异议。
　　四、乙方保证在培训期满后按时返回公司，积极将所学的技术运用到实际工作中，同时有责任向其他相关员工传授所学的知识，培训期间所获全部资料原件要如数带回公司人力资源部入库存存，需要时再借出复印件。
　　五、培训学习期满后保证继续在公司服务____年，即从_____年____月____日至_____年____月____日，按公司相关规定申请报销培训费用。
　　六、乙方回公司后，要在一周内写出书面培训报告，交甲方。培训费用需经甲方人力资源部签字审核后方可报销。
　　七、乙方在培训期间及培训协议约束时间内，未经甲方同意不得随意离开公司。如果乙方在此期间离开公司，必须补偿甲方所付培训费用损失，培训成本包括：培训费、培训期间工资、培训往返交通费、培训期间食宿费，提前离职的按违约月数计算违约赔偿金，违约赔偿金＝违约月数×（培训成本÷12×约定年数）。
　　八、补充说明：
　　九、培训期间本人愿与公司保持不间断联系。
　　十、受训人如有违反以上条款，需赔偿公司一切损失。如有泄露公司商业、技术秘密者，愿承担法律责任。
　　十一、本协议一式两份，受训人与公司各持一份。

　　甲方（盖章）：　　　　　　　　乙方（受训人签字）：
　　人力资源部（签字）：
　　_____年____月____日　　　　　　_____年____月____日

十二、培训签到表

培训签到表

课程名称		讲师	
日期/时间		时　数	
课程内容			

续表

序号	培训报到签名		本人已接受以上内容培训		序号	培训报到签名		本人已接受以上内容培训	
	部门	签名	部门	签名		部门	签名	部门	签名

十三、内部讲师自荐 / 推荐表

内部讲师自荐 / 推荐表

姓名		工号		部门	
职位		入司日期		学历	
专业		技术职称		毕业院校	
工作年限		授课方向			
特长描述					
工作经历	（时间、单位、部门、职务）					
授课经历					
参加培训经历					
个人自荐理由		签名：		日期：	
部门推荐意见		签名：		日期：	
部门负责人签名			人力资源部意见		
副总经理审核			总经理审核		

十四、内部讲师评选评估表

内部讲师评选评估表

填写日期：_____年____月____日

评分项目 参选对象	语言表达能力	逻辑思维	授课技巧	总分

评分人：

十五、讲师年度考核表

讲师年度考核表

填表日期：_____年____月____日

第一部分：讲师档案（由讲师本人填写）					
姓名		工号		部门	
职务		入司日期		服务年限	
讲师资格	□助理　□中级　□高级		评聘时间		
申请资格	□助理　□中级　□高级				
授课课程	目前授课				
	意向课程				
年度小结					
第二部分：授课情况考核					
年度授课课程	（时间、课程名称、参加人数、课时）				

97

续表

项目	考核类型	考核内容与评估（由人力资源部填写）			
1	课堂效果评估	培训课程		时间	抽查成绩
2	年度计划执行	计划课程数	实际授课数	完成率	
3	培训记录资料	教材规范性	上交及时性	记录考核成绩	
		□规范　□不规范	□及时　□不及时	□优　□良　□合格　□差	
考核结果	总体评价	人力资源部：			
	资格评定	□助理　□中级　□高级			
	副总经理				
	总经理				

十六、讲师培训效果评估表

讲师培训效果评估表

讲师姓名：_____　　培训时间：_____　　培训地点：_____
讲师的胜任程度（以每项满分为 10 分进行测评）

测评项目	得分
1. 培训内容的逻辑性、清晰度	
2. 讲师对所讲内容专业的了解程度	
3. 授课方式的多样性（讲授、讨论、视听、案例、角色扮演、游戏等）	
4. 讲师的仪容仪表	
5. 讲师的语言表达能力	
6. 讲师肢体语言的运用	
7. 讲师激发学员参与学习的意愿	
8. 讲师对时间的掌控能力	
9. 讲师对学员的关注程度	
10. 讲师对现场氛围的掌控能力	
合计	

如果您愿意的话，请留下您的姓名，以便今后我们能够进一步沟通。您的姓名：
谢谢支持！

十七、培训效果评价表

培训效果评价表

请您实事求是地按照下列所给予的指标要素对本次培训给予评价（在您认可的数字上打"√"），请注意：5—优秀，4—良好，3——般，2—差，1—不明确。

受训人	姓名		部门		职位			
	培训内容							
一、培训的总体质量									
1. 培训内容的实用性		5	4	3	2	1
2. 培训内容的创新性		5	4	3	2	1
3. 培训方法的合适性		5	4	3	2	1
4. 受训人的参与程度		5	4	3	2	1
5. 本课程满足您需要、愿望的程度		5	4	3	2	1
二、培训讲师的水平							
6. 培训师对本课程的掌握程度		5	4	3	2	1
7. 培训师组织能力、授课水平		5	4	3	2	1
三、培训环境							
8. 培训环境（教室设施/条件/舒适/避免外界干扰等）适应培训的程度		5	4	3	2	1
四、课程目标							
9. 课程目标的明确程度		5	4	3	2	1
10. 课程目标的实现程度		5	4	3	2	1
总分						

五、个人建议：

六、心得体会：

十八、培训效果考核表

培训效果考核表（人力资源部填写）

填写日期：_____年___月___日

讲师姓名		学历	
所在公司		职位	
讲师资格	□储备讲师　□正式讲师		
授课项目			
评分项目	讲义编写质量		
	讲师培训技巧		
	培训的后期跟进		
	学员意见反馈		
	综合评价		
合计			

其他意见：

十九、培训费用支出申请表

培训费用支出申请表

填表日期：_____年___月___日

部门	姓名	培训课程	课时	费用标准（元／小时）	授课费	讲师签收

培训组织部门		培训主管	
人力资源总监审核		总经理审批	
备注			

第五章

员工考勤与纪律管理

第一节　员工考勤管理要领

一、考勤管理方法和措施

1. 考勤管理的主要方法

企业对员工进行考勤管理时，通常按照以下几个方法实施：

（1）日常考勤。

日常考勤包括以下内容：

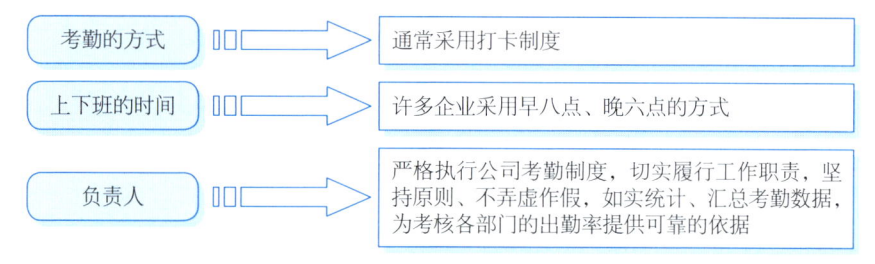

考勤的方式	通常采用打卡制度
上下班的时间	许多企业采用早八点、晚六点的方式
负责人	严格执行公司考勤制度，切实履行工作职责，坚持原则、不弄虚作假，如实统计、汇总考勤数据，为考核各部门的出勤率提供可靠的依据

（2）请假管理。

假期内容	一般来说，企业员工可以享受病假、年假、事假、工伤假、婚假、产假、丧假等假期，入司时间不同其假期的时间也不一样
管理办法	请假应按不同假别填写员工请假单，员工请假时，所在部门领导应予核实请假理由；因病或突发事故未能事先请假，或请假期间因故需要续假者，应于当日电话报告所在部门领导，并于返回公司工作的第一天补办请假、续假手续；未办手续又不上班者以旷工处理

2. 违反考勤的处理措施

企业对违反考勤规定的员工进行处理时，一般有以下三种情形：

（1）迟到。

情形一	迟到或早退时间在××分钟（含）以内的，每分钟扣××元
情形二	迟到早退时间大于××分钟但小于或等于半个出勤日的，按旷工半天论处
情形三	迟到或早退大于半个出勤日小于等于一个出勤日的，按旷工一天论处

（2）早退。

员工在规定工作时间内提前刷卡离岗视为早退。早退的处罚与迟到一样。

（3）旷工。

一般企业规定，旷工一日的薪资按旷工时间的三倍扣除；旷工时间大于等于三天者，企业可将其予以开除处理。

二、纪律处分的相关细则和种类

1. 纪律处分的相关细则

一般来说，企业员工如触犯下列任意一项，将受到纪律处分：

（1）伪造或涂改企业的报告、记录。
（2）接受贿赂。
（3）未经企业书面允许，盗取企业财务记录或其他物品。
（4）干扰企业的财务工作。
（5）与同事聚众赌博或使用侮辱性语言。
（6）试图强迫同事加入任何组织或社团。
（7）违反企业安全条例或从事危害安全的活动。
（8）未经批准而随意缺勤。
（9）无故旷工。
（10）出借工作证。
（11）故意疏忽或拒绝管理人员的合法管理。
（12）拒绝保安人员合理、合法的命令或检查。
（13）未经主管人员批准为其他机构、企业或私人工作。
（14）在工作时间内干私活。
（15）从事与企业利益冲突的工作。
（16）经董事会决定认为可采取纪律处分的其他任何情形。

2. 纪律处分的种类

企业对员工的纪律处分，主要有以下三种类型：

（1）口头警告。

员工初犯或犯小错误时，人力资源部或员工的部门主管，一般会给予其口头非正式警告。

（2）书面警告。

员工犯较大错误或屡犯小错误而曾遭口头警告时，人力资源部一般会采取书面正式警告。此警告可采取"警告"或"严重警告"的方式。

（3）停职。

当员工犯严重错误或屡次犯错误时，企业常常给予其停薪停职处分。有一些企业还会作出停职除名的规定：

| 规定一 | 员工在××个月内被警告××次 |
| 规定二 | 员工在过去××月内犯同样过失而遭严重警告 |

第二节　员工考勤与纪律管理制度

一、员工考勤管理办法

标准文件		员工考勤管理办法	文件编号	
版次	A/0		页次	

1. 目的

为保持良好的工作秩序、加强考勤管理，结合××公司管理的实际情况，进一步帮助员工养成良好的职业习惯，同时为公司科学调度人员、合理配置资源及员工薪资发放等提供科学依据。特制定本办法。

2. 适用范围

本办法适用于公司全体员工的考勤管理。

3. 考勤管理

3.1 作息时间

根据《中华人民共和国劳动法》，公司实行每周五天工作制。法定节假日按国家有关规定执行。

3.2 签到、签退

3.2.1 签到、签退是员工出勤的主要依据，员工上下班必须到所在工作区域的指定考勤机打卡签到签退，打卡时必须确保考勤机打卡成功，方可确认考勤记录。

3.2.2 打卡次数：公司人员一日打卡四次，即上午上下班各打卡一次，下午上下班各打卡一次。公司各生产部门、经营人员可根据实际生产经营需要及工作时间安排制定相应的考勤管理实施细则。

3.2.3 打卡时间：规定的上班时间以前，规定的下班时间以后。

3.2.4 打卡人员范围：原则上公司所有员工必须打卡签到、签退；因子公司部分岗位实行综合记时工作制，无法按要求正常打卡的，报人力资源部备案，以书面签到、签退表作为考勤依据。

3.2.5 有固定办公场所的员工外出办理公务，遇意外事故或不可抗力因素不能按时打卡签到签退的，须于一个工作日内填报"员工补卡申请表"，经部门负责人审批签字确认后报闪力资源部；部门经理也可以在一周内填写"未打卡补签申请表"及"批量补卡申请表"。未经批准的视为迟到、早退或旷工。

3.3 出差

职能部门员工出差须提前填写"员工出差申请表"，经部门经理批准后报本人力资源部处备案；不能提前填写相关手续时，应事先口头征得部门经理同意，返回后及时补办相关手续。出差天数应由部门经理事先核定，如出差公务提前完毕，应立即返回，如因公、患病或意外事故确实无法返回者，应及时请示部门经理并说明事由，经批准后方可推迟返回；部门经理出差应事先向分管领导提交"员工出差申请表"，经分管领导批准后，可按申请内容执行。出差人员出发和返回当日可不计打卡考勤。

子公司经营（采购、销售）人员，以外勤管理系统的数据作为考勤依据。

3.4 考勤统计

3.4.1 公司各部门考勤员每月月末在系统中汇总考勤并打印，由公司各部门、经理签字或盖章后。经人力资源部审签，于次月××日前报人力资源部。

3.4.2 考勤必须实事求是，一经发现虚假考勤，扣发该员工虚假天数的全额工资。

3.4.3 以上形成的负激励在当月工资中兑现。

人力资源部将员工出勤情况，包括迟到、早退、事假、病假、旷工次数等作详细统计，作为核发当月工资的依据。年末人力资源部要对员工出勤情况与系统中的汇总表进行核对，作为员工福利、奖金发放及评先选优的依据。

3.4.4 考勤处罚规定

（1）旷工：指未办理任何请假手续而无故缺勤，或虽已请假但超过请假时间未办理续假手续的。员工旷工半天扣发 1.5 天工资，旷工 1 天扣发 3 天工资，以此类推；连续旷工 3 天或年累计旷工 15 日按自动离职解除劳动关系处理（具体办理参照《员工行为管理规定》）。公司各部门应在员工旷工 3 日之内以书面形式报人力资源部，逾期不报者，负激励负责人××元/次。

（2）迟到：员工在上班时间开始后 3×× 分钟以内到班者为迟到。每迟到一次负激励××元。迟到××分钟到××分钟的，每迟到一次负激励××元；一次迟到超过××分钟，按事假半天计算；一个月内员工允许有××次××分钟内的迟到。

（3）早退：下班时间前离开公司作早退处理，早退××小时内，一次负激励××元；一次早退超过××分钟，早退一次负激励××元。

（4）漏打卡：员工因外出办事未能打卡或出现漏打卡情况，必须在未打卡之日起××个工作日内办理补打卡申请。凡未按规定时间办理补打卡申请的将视为无故不打卡，均视为旷工。

（5）代签到：凡出现一次代签到情况，对委托签到人及代签到人负激励各自日工资的××倍。

注：大面积出现考勤数据无法录入的，应该考虑是否是系统故障，如属系统故障可免除员工责任。

3.5 请销（假）管理规定

3.5.1 事假。

员工如有特殊情况需请假的，必须履行请假手续，未经批准无故缺勤或擅自离岗的按旷工论处，请假到期未续假的按旷工处理。全年累计不得超过××天，否则按自动解除劳动关系处理；一次性请事假××个月以上需报人力资源部备案。

3.5.2 非因公负伤和病假。

按国家《企业员工患病或非因工负伤医疗规定》执行，企业职工因患病或非因工负伤，需要停止工作进行医疗时，根据本人实际参加工作年限和在本单位工作年限，给予××个月到××个月的医疗期。

（1）实际工作年限××年以下的，在本单位工作年限××年以下的为3个月，××年以上的为××个月；

（2）实际工作年限××年以上的，在本单位工作年限5年以下的为6个月，××年以上××年以下的为××个月，××年以上××年以下的为××个月，××以上××年以下的为××个月，××年以上的为××个月。

（3）连续请病假超出医疗期有关规定，须办理离职手续，并解除劳动合同关系，员工因病必须住院治疗或休息××天以上，须持有指定医疗机构的诊断证明及住院手续。

（4）特殊情况报董事长签批，按董事长签批意见执行。

3.5.3 工伤假。

员工因工受伤必须送往医院救治或休息的，须凭市级以上医院诊断书或休假报告及证明，部门经理签字报人力资源部审核，经公司总经办审批后，方可请工伤假。工伤假一般不超过××个月，伤情严重或者情况特殊，经市级劳动能力鉴定委员会确认后，可以适当延长，但延长时间不得超过××个月。

3.5.4 婚假。

（1）员工本人结婚可请带薪婚假××天。结婚时男女双方不在一地工作的，可视路程远近，另给予路程假。

（2）员工子女结婚可请带薪假××天。

（3）员工兄弟姐妹结婚可请带薪假××天。

3.5.5 慰唁假。

（1）员工父母、配偶、子女死亡，可请××天带薪慰唁假。

（2）员工兄弟姐妹、祖父母以及岳父母死亡，可请××天带薪慰唁假。

3.5.6 产假。

（1）女职工生育享受98天产假，其中产前可以休假15天；难产的，增加产假15天；生育多胞胎的，每多生育1个婴儿，增加产假15天。

（2）员工配偶生育可请带薪假15天，申办该假期，须附有关出生证明。

（3）女职工怀孕未满4个月流产的，享受15天产假；怀孕满4个月流产的，享受42天产假。

（4）公司给予在每天的劳动时间内为哺乳期女职工安排1小时哺乳时间；女职工生育多胞胎的，每多哺乳1个婴儿每天增加1小时哺乳时间。

3.5.7 年休假。

（1）在本企业签订正式劳动合同之日起满1年以上的员工，享受带薪年休假。国家法定休假日、休息日不计入年休假的假期。

①员工累计工作已满1年不满××年的，年休假××天。

②员工累计工作已满××年不满××年的，年休假××天。

③员工累计工作已满××年的，年休假××天。

（2）员工有下列情形之一的，不享受当年的年休假：

情形一	员工请事假累计××天以上且单位按照规定不扣工资的
情形二	累计工作满1年不满××年的员工，请病假累计××个月以上的
情形三	累计工作满××年不满××年的员工，请病假累计××个月以上的
情形四	累计工作满××年以上的员工，请病假累计××个月以上的

3.6 假期工资

3.6.1 事假、病假。公司所有人员均执行日工资制，按月结算，请事假及病假期间工资待遇如下：按其请假天数扣发其相应天数的应领工资，扣发标准为：基本工资/当月日历天数 × 事、病假天数（法定假除外）。

3.6.2 工伤患者，在规定的医疗假期内，工伤患者工资按岗位发生工伤前××个月内的平均工资发放。

3.6.3 女员工产假期间发放基本工资（发最低标准工资），女员工生育按照法律、法规的规定，产假期间的生育津贴按照统筹地区上年度员工月平均工资计发，由社保部门生育保险基金支付，享受流产假期的女员工休假期间工资按照固定工资/当月天数 × 休假天数（法定假除外）发放，男员工在规定陪产假期内工资正常发放（计算公式：固定工资/当月天数 × 休假天数）。

3.6.4 婚假、丧假在规定的假期内，工资按照固定工资/当月天数 × 休假天数（法定假除外）发放。

3.6.5 享受年休假期间工资为：固定工资/当月天数 × 休假天数 ×0.5。

3.7 请假程序与审批权限

3.7.1 员工请假必须由本人提交申请，按以下审批权限报相关领导审批，并将有效申请和证明交行政人事部备案，否则一律按旷工处理。

3.7.2 请假审批权限。

（1）公司普通员工请假2天以内（含2天）、病假3天以内（含3天）婚假、慰唁假、年休假由部门经理审批。

（2）公司普通员工请假2天以上7天以内（含7天）、病假3天以上15天以内（含15天）及产假由总监经理审批。

（3）公司普通员工请事假7天以上17天以内（含17天）、病假15天以上30天以内（含30天）由总经理审批。

（4）公司普通员工请事假17天以上、病假30天以上由总经理审批，并报人力资源部备案。

（5）公司主管级员工请事假3天以内（含3天）、病假5天以内（含5天）、产假、婚假、慰唁假、年休假由部门经理审批。

（6）公司主管级员工请事假7天以内（含7天）、病假15天以内（含15天）及产假、婚假、慰唁假由总经理审批。

（7）各公司主管级员工请事假7天以上、病假15天以上及产假由总经理审批。

（8）公司总经理级以上领导请事假、病假、产假、婚假、慰唁假由总裁审批。

3.8 其他备注

3.8.1 请假员工所在部门必须对请假情况进行核实，且有部门经理分管领导的签批意见，若出现请虚假，除对请假者本人要予以处罚外，对其所在部门经理处罚××元。

3.8.2 本规定中的所有假期的计算都不含法定休假和双休日，遇到假期中包含法定假、双休日的扣减。

拟定		审核		审批	

二、员工劳动纪律管理规定

标准文件		员工劳动纪律管理规定	文件编号	
版次	A/0		页次	

1. 目的

为加强公司员工劳动纪律管理，维持正常的生产秩序，规范员工行为，树立良好的企业形象，特制定本规定。

2. 适用范围

适用于本公司所有员工的劳动纪律管理。

3. 职责

3.1 人力资源部职责：为员工劳动纪律管理规定的制定部门，并负责对员工的具体执行情况进行监督检查。

3.2 员工：公司全体员工必须严格遵守员工劳动纪律管理规定的要求。

4. 管理规定

4.1 岗位规范

4.1.1 遵守上班时间规定，严格执行作息制度，不迟到、不早退、不无故旷工。因故迟到和请假的时候，必须事先通知。

4.1.2 上班提前做好准备，确保工作有计划、有步骤、快速高效地进行。

4.1.3 严格遵守岗位操作规范，按照公司的要求进行操作，因违反操作规程造成生产事故的由当事人负全部责任。

4.1.4 工作中不扯闲话，不打闹，不擅自离岗、脱岗、睡岗，确实有事需要离开时，应事先向上级领导请示。

4.1.5 对于特殊岗位员工未取得上岗证或考试不合格者禁止上岗。

4.1.6 保持安静，禁止在生产车间内大声喧哗。

4.1.7 下班时，文件、工具等归放原位，清理完现场卫生、做好工作交接后方可离岗，未完成交接离岗者视为早退。

4.1.8 关好门窗，检查处理好火和电等安全事宜。

4.1.9 如实填写岗位操作原始记录，如发现可疑数据及时上报，确保产品质量。

4.2 办公规范

4.2.1 文件不能随意摆放，应放入文件夹内，分类摆放整齐。

4.2.2 办公桌上不能摆放与工作无关的物品。

4.2.3 办公用品和文件不得带回家，需要带走时必须得到上级许可。

4.2.4 借用他人或公司的东西，使用后及时送还或归还原处。

4.2.5 未经同意不得翻阅同事的文件、资料及其他物品。

4.2.6 重要的记录、证据等文件必须保存到规定的期限。

4.2.7 处理完的文件，根据公司指定的文件号及时归档。

4.3 劳动纪律

4.3.1 上下班规定。

（1）员工严格遵守《员工考勤管理规定》，不迟到、不早退、不无故旷工。

（2）按时参加班前会，认真听取当天工作安排，提前15分钟上岗进行工作交接。

（3）按规定作息时间就餐休息，如遇特殊原因无法正常上下班请及时填写"员工异常出勤单"，因工作无法正常就餐须及时向人力资源部上报，非就餐时间公司将不予安排就餐。

（4）员工上下班途中按秩序靠右侧行走，禁止占用机动车道，三人以上应成纵队。

（5）员工上下班期间要无条件接受公司安保人员对出入车辆、人员的安全检查，发现员工携带公司物品者将给予罚款，情节严重者移交公安机关处理。

4.3.2 员工行为。

（1）公司员工自觉将车辆放置在公司规定位置，严禁乱放，禁止无证、无牌车辆进入公司。

（2）外来人员未经允许禁止进入公司，员工亲属或朋友来访问，需该员工到办公室登记得到允许后方可进入，外来人员在此期间发生任何事情均由该员工负责。

（3）倡导节约、杜绝浪费，员工在就餐过程中请自觉排队，禁止代打、多打，离开就餐桌时随手带走垃圾倒入垃圾桶内，提倡文明就餐。

（4）爱护公共财物，损坏财物照价赔偿，无法找到损坏财物责任人的由该部门负全部责任。

（5）严禁在公司内酗酒、赌博，违反规定者，罚款并在公司通报处理。

（6）团结友爱、互帮互助，禁止在公司内打架斗殴、恶意散播流言，如有发生者，立即开除。

（7）爱护公共卫生，禁止在厂区内随地吐痰，保持宿舍干净卫生，禁止在生活区大声喧哗，共同创造一个良好的生活环境。

4.3.3 劳动纪律。

（1）员工上班必须穿戴相应工作服和劳保用品，严格遵守工艺操作规范，若因违反公司规章制度造成意外伤害，由该员工自行承担。

（2）听从主管安排，禁止私自更改操作规范，或者到非自己岗位操作。

（3）未经允许任何人禁止动用和消防设施有关的任何器材、设备，严格控制消防安全。

（4）服从领导管理，对不服从管理者给予一定的处罚，情节严重者给予开除处理。

4.4 安全管理劳动纪律

4.4.1 生产厂区14个"不准"：

（1）加强明火管理，禁止吸烟。

（2）生产区内，不准带未成年人进入。

（3）上班时间，不准睡觉、干私活、离岗和干与生产无关的事。

（4）在上班前、上班时不准喝酒。

（5）不准使用汽油等易燃液体擦洗设备、用具和衣物。

（6）不按规定穿戴劳动保护用品的，不准进入生产岗位。

（7）安全装置不齐的设备不准使用。

（8）不是自己分管的设备、工具不准动用。

（9）检修设备时安全措施不落实，不准开始检修。

（10）停机检修后的设备，未经彻底检查，不准启用。

（11）未办高处作业证，不系安全带，脚手架、跳板不牢，不准登高作业。

（12）不固定好跳板，不准作业。

（13）未安装触电保安器的移动式电动工具，不准使用。

（14）未取得安全作业证的员工，不准独立作业；特殊工种员工，未经取证，不准作业。

违反以上规定的，处以相应罚款，经教育后不思悔改或连续两次作除名处理，对造成不良后果的将由其责任人承担全部责任。

4.4.2 操作工的"六严格"：

（1）严格执行交接班制度。

（2）严格进行巡回检查。

（3）严格控制工艺指标。

（4）严格执行操作规范。

（5）严格遵守劳动纪律。

（6）严格执行安全规定。

违反以上其中一项者处以相应罚款，对造成不良后果的将由其责任人承担全部责任。

4.4.3 动火作业六大禁令：

（1）动火证未经批准，禁止动火。

（2）不与生产系统可靠隔绝，禁止动火。

（3）不清洗或置换不合格，禁止动火。

（4）不消除周围易燃物，禁止动火。

（5）不按时作动火分析，禁止动火。

（6）没有消防措施，禁止动火。

违反以上其中一项者处以相应罚款，对造成不良后果的将由其责任人承担全部责任。

4.4.4 进入容器、设备的八个"必须"：

（1）必须申请、办证，并得到批准。

（2）必须进行安全隔绝。

（3）必须切断动力电，并使用安全灯具。

（4）必须进行置换、通风。

（5）必须按时间要求进行安全分析。

（6）必须佩戴规定的防护用具。

（7）必须有人在器外监护，并坚守岗位。

（8）必须有抢救后备措施。

违反以上其中一项者处以相应罚款，再次违反者加倍处罚，第三次违反者酌情罚款或作除名处理。

4.4.5 焊接作业"十不焊"：

（1）不是机修主管指定的不焊。

（2）要害部位和重要场所的不焊。

（3）不了解周围情况的不焊。

（4）不了解焊接物内部情况的不焊。

（5）装过易燃易爆物品的容器不焊。

（6）用可燃材料作保温隔音的部位不焊。

（7）密闭或有压力的容器管道不焊。

（8）焊接部位旁有易燃易爆品的不焊。

（9）附近有与明火作业相抵触的不焊。

（10）禁火区内未办理动火审批手续的不焊。

违反以上其中一项者处以相应罚款，对造成不良后果的将由其责任人承担全部责任。

4.5 着装、仪容和举止

4.5.1 着装——统一、整洁、得体。

（1）公司所有人员应穿工装工作，进入车间时必须戴安全帽。

（2）车间岗位人员应着工装上岗，并戴好安全帽。女员工应将头发束起后放入安全帽内，防止头发卷入机器发生危险。

（3）品控技术部的人员应穿白大褂，戴统一的工作帽。

（4）餐厅工作人员工作时应穿白大褂或佩戴围裙并保持服装整洁，将头发束起放入工作帽内，将袖口的纽扣系好或戴上套袖防止袖口敞开。

（5）遇有重要接待活动时，负责接待的人员必须穿着正式，不得穿便装。着西装时，要打好领带，扣好领扣。衬衣下摆束入裤腰内，袖口扣好，内衣不外露。上衣袋少装东西，裤袋不装东西，并做到不挽袖口和裤脚。

（6）所有工作人员都要按照岗位要求佩戴（穿着）劳保用品、防护用品，保证人身安全。

（7）要勤换鞋、袜，保持鞋、袜干净卫生，鞋面洁净无污渍。

（8）公司所有人员都应保证衣服整洁、完好、无污渍。衣服扣子要齐全，不漏扣、错扣。帽子要戴正，帽沿在前，不得歪戴、斜戴。

（9）夏季时，男员工不允许穿短裤、拖鞋以及背心或无袖T恤上班；女员工不得穿裙子、无袖装、吊带装或领口过低的衣服上班。不允许穿奇装异服。

4.5.2 仪容——自然、大方、端庄。

（1）头发经常清洗，梳理整齐，不染彩色头发或烫奇怪的发式，不戴夸张的饰物。

（2）男员工修饰得当，不得佩戴耳环和烫发，头发长不覆额、侧不掩耳、后不触领，嘴上不留胡须。

（3）女员工淡妆上岗，修饰文雅，且与年龄、身份相符。工作时间不能当众化妆，不用气味浓烈的香水。

（4）颜面和手臂保持清洁，不留长指甲，不染彩色指甲。

（5）保持口腔清洁，工作前忌食葱、蒜等具有刺激性气味的食品。

4.5.3 举止——文雅、礼貌、精神。

（1）精神饱满，注意力集中，无疲劳状、忧郁状和不满状。

（2）保持微笑，目光平和，不左顾右盼、心不在焉。

（3）坐姿良好。上身自然挺直，两肩平衡放松，后背与椅背保持一定的间隙。

（4）不翘二郎腿，不抖动腿，椅子过低时，女员工双膝并拢侧向一边。

（5）避免在他人面前打哈欠、伸懒腰、打喷嚏、抠鼻孔、挖耳朵等。实在难以控制时，应侧面回避。

（6）不能在他人面前双手抱胸，尽量减少不必要的手势动作。

（7）站姿端正。抬头、挺胸、收腹、双手下垂置于大腿外侧或双手交叠自然下垂；双脚并拢，脚跟相靠，脚尖微开。

（8）走路步伐有力，步幅适当，节奏适宜。

（9）接待客人或领导一般要起立，表情自然，眼睛平视对方。若因工作需要坐着时，不许不抬头、左顾右盼或漫不经心，决不许上下打量客人。

（10）与客人或领导迎面相遇时，要靠右侧行走，若道路较窄，应主动让路。与客人或领导同行时，要让客人或领导走在前面，并主动为客人或领导开门。

（11）进入领导办公室前须先敲门，得到允许后方可进入，在指定位置就座，并注意随手关门。递交文件时，要把正面文字对着对方的方向递上去，方便领导审阅。

（12）经过通道、走廊时要放轻脚步，严禁边走边大声说话、唱歌或吹口哨。

（13）进入办公室注意轻手关门，以免影响他人。

4.6 网络管理

4.6.1 在工作时间不得在网上进行与工作无关的活动。

4.6.2 不得利用互联网危害国家安全，泄露公司机密；不得侵犯国家、社会、集体的利益和公民的合法权益，不得从事违法犯罪活动。

4.6.3 不得利用互联网制作、复制、查阅违反宪法和法律、行政法规以及不健康的信息。

4.6.4 不得从事下列危害计算机网络安全的活动：

（1）对计算机信息网络功能进行删除、修改或者增加。

（2）对计算机信息网络中储存、处理或者传输的数据和应用程序进行删除、修改或者增加。

（3）制作传播计算机病毒等破坏程序。

| 拟定 | | 审核 | | 审批 | |

三、员工奖惩管理办法

标准文件		员工奖惩管理办法	文件编号	
版次	A/0		页次	

1. **目的**

为明确奖惩的依据、标准、权限及程序，形成良好的奖惩机制，激发员工的积极性和创造性，更好地规范约束员工的行为，特制定本办法。

2. **分类及适用范围**

2.1 行为规范类：适用于所有员工（惩：约束全员行为）。

2.2 管理操作类：适用于所有具有管理职能的员工（惩：保障各类管理制度运行）。

2.3 经营效益类：适用于各部门以及有特殊经营贡献的个人（奖：业绩好或对企业发展有贡献）。

3. **管理规定**

3.1 奖惩原则

3.1.1 奖惩有依据的原则：奖惩依据的是公司的各项规章制度、员工的岗位描述及工作目标等。

3.1.2 奖惩及时的原则：为及时地鼓励员工对公司的贡献和正确行为以及纠正员工的错误行为，使奖惩机制发挥应有的作用，奖惩必须及时。

3.1.3 奖惩标准严格的原则：员工的表现只有较大幅度地超过公司对员工的基本要求，才能够给予奖励；员工的表现应达到公司对员工的基本要求，当员工的表现达不到公司对员工的基本要求，应给予相应惩戒。

3.1.4 奖惩公开的原则：为了使奖惩公正，公平，并达到应有的效果，奖惩结果必须公开。

3.1.5 奖惩公正的原则：为防止公司员工特权的产生，在制度面前公司所有员工应人人平等，一视同仁。

3.2 奖惩项目设置

3.2.1 行政类。

行政奖励：通报表扬、记小功、记大功。

行政处罚：通报批评、记小过、记大过、解除劳动合同。

3.2.2 经济类。

经济奖励：奖金、奖品和旅游度假等。

经济处罚：罚款等。

3.2.3 绩效类：

绩效加分：在绩效考核相关成绩中予以加分。

绩效减分：在绩效考核相关成绩中予以减分。

3.2.4 专项奖励类。

对员工在专项事件中表现优异者所进行的奖励，包括年度优秀员工奖、年度优秀管理者奖、金点子奖、开源节流奖和其他特别奖励等。

3.3 累计奖惩

3.3.1 惩罚：2次通报批评记为1次小过，2次小过记为1次大过，2次大过则公司与其解除劳动合同。

3.3.2 奖励：2次通报表扬记为1次小功，2次小功记为1次大功，2次大功则公司一次性给以相应现金奖励。

3.3.3 功过相抵：凡处分期间有立功表现的员工，公司将依照功过相抵的原则酌情予以撤销处分的处理。一次通报表扬抵一次通报批评，一次记小功抵一次记小过，一次记大功抵一次记大过。

3.4 惩罚措施

3.4.1 行为规范类。

（1）着装仪表：

惩罚标准

类别	行为	惩罚措施		
		行政处惩	经济处惩	绩效处惩
着装	上班时间未佩戴胸徽、工牌	/	罚___元/次	
	上班时间未按规定着装	/	罚___元/次	

（2）办公环境：

惩罚标准

类别	行为	惩罚措施		
		行政处惩	经济处惩	绩效处惩
办公环境	在公共办区域吸烟	/	罚___元/次	
	上班时间身带酒气	/	罚___元/次	
	晚上下班后未关闭电脑（包括显示器）	/	罚___元/次	
	办公区域内大声喧哗，干扰他人工作	/	罚___元/次	
	下班后，办公桌面、桌下不整洁	/	罚___元/次	
	重要文件未及时收藏，随意摆放	通报批评	罚___元/次	扣1分/次
	非加班原因于晚间22：00以后仍未离开公司	通报批评	罚___元/次	

(3) 车辆使用：

惩罚标准

类别	行为	惩罚措施		
^	^	行政处惩	经济处惩	绩效处惩
车辆使用	员工车辆未停放在指定车位	/	罚___元/次	
^	未经许可擅自将公司车辆外借他人	记小过	罚___元/次	扣___分/次
^	车辆违章致使公司违章率超标	通报批评	罚___元/次	扣___分/次

(4) 职业道德与操守：

惩罚标准

类别	行为	惩罚措施		
^	^	行政处惩	经济处惩	绩效处惩
职业道德与操守	违规接受供应商的宴请、馈送	通报批评	罚___元/次	扣___分/次
^	向公司提供影响其应聘、升迁、调薪的虚拟的个人教育、经历、专业证照资料	解除劳动合同		
^	伪造或变造或盗用公司印、信，严重损害公司权益者	解除劳动合同		
^	泄露公司秘密 — 对公司利益造成一定损害	记大过	视情况罚___元/次以下	扣___分/次
^	泄露公司秘密 — 对公司利益造成严重损害	解除劳动合同，并移交司法机关处理		

3.4.2 管理操作类：

惩罚标准（以培训会议管理为例）

类别	行为	惩罚措施		
^	^	行政处惩	经济处惩	绩效处惩
培训会议管理	无故不参加会议 — 普通员工	通报批评	罚___元/次	
^	无故不参加会议 — 骨干员工、副经理	通报批评	罚___元/次	
^	无故不参加会议 — 部门经理及以上管理人员	通报批评	罚___元/次	

续表

类别	行为	惩罚措施		
^	^	行政处惩	经济处惩	绩效处惩
培训会议管理	参加会议时迟到或早退	/	罚___元/次	
^	会议期间未将手机调至静音方式	/	罚___元/次	
^	参加外训者未按规定将培训资料（讲义、教材、电子文档等）向人力资源部备案	/	罚___元/次	

3.5 奖励措施

奖励标准

类别	专项奖项	评选范围	奖励项目	
^	^	^	行政奖励	经济奖励
专项奖励	全勤奖	入职1年以上，全年满勤，无迟到、早退、病事假的职能部门员工	通报表扬	___元/人
^	年度优秀员工奖	入职1年以上员工，（不含部门经理及以上员工）	通报表扬	___元/人
^	年度优秀管理者奖	入职1年以上部门经理及以上员工	通报表扬	___元/人
^	金点子奖	为公司经营管理提出合理化建议，并被采纳的员工	通报表扬	视情况___元/次以下
^	开源节流奖	为公司开源节流提供合理化建议，并引起良好效果的员工	通报表扬	视情况___元/次以下

3.6 奖惩执行和申诉

3.6.1 奖惩由相关部门填写"员工惩处单"或"员工奖励单"。

3.6.2 "员工惩处单"或"员工奖励单"由人力资源部根据上报资料审核，按相关责权审批后执行，其中经济奖励和处罚结果交于财务部，由财务部在本月工资中予以执行。

3.6.3 在奖惩过程中，员工如认为受到不公平对待对奖惩结果感到不满意可向人力资源部进行申诉。

拟定		审核		审批	

第三节 员工考勤与纪律管理表格

一、考勤表

考 勤 表

公司（部门）：＿＿＿＿＿＿＿＿＿＿＿＿＿＿＿＿＿＿年＿＿月

序号	日期 姓名 \ 星期	1	2	3	4	…	30	31	出勤	调休	事假	病假	婚丧假	旷工

注：1.考勤符号：出勤"/"，事假"√"，病假"○"，其他假"×"，旷工"※"，公休"△"，调休"∧"

制表： 审核：

二、请假条

请 假 条

人员类别		姓名		工号	
所属中心		所属部门		请假类别	
请假开始日期		请假开始时间		请假天数	
请假结束日结		请假结束时间			
请假事由					
本人签字	签字： 年 月 日					
领导批示	部门经理	签字： 年 月 日				
	总监	签字： 年 月 日				
	总经理	签字： 年 月 日				
	董事长	签字： 年 月 日				

三、未打卡补签申请表

未打卡补签申请表

人员类别		人员姓名		工号		
所属中心		所属部门				
补卡日期		补卡时间		时		分
未打卡事由						
所在部门负责人						

四、批量补卡申请表

批量补卡申请表

人员类别		姓名		工号	
所属中心			所属部门		
人员类别		姓名		工号	
批量补卡理由：					
部门经理签字		签字：		年 月 日	
人力资源部签字		签字：		年 月 日	

五、休假申请表

休假申请表

人员类别		姓名		工号	
所属中心		所属部门		入职日期	
岗位名称				休假类别	
请假开始日期		请假开始时段		休假天数	
请假结束日期		请假结束时段			
休假事由					
本人签字		签字：		年 月 日	

（续表见下页）

续表

领导批示	部门经理	签字： 年 月 日
	人力资源部	签字： 年 月 日
	总监	签字： 年 月 日
	总经理	签字： 年 月 日
	董事长	签字： 年 月 日

六、出差申请表

出差申请表

人员类别		人员姓名		工号	
所属中心		所属部门		入职日期	
出差开始日期		出差开始时段		出差天数	
出差结束日期		出差结束时段			
出差拟办事项陈述					
出差期间职务或岗位代理及授权安排					
出差线路					
预借差旅费用					
本人签字	签字： 年 月 日					
部门经理意见	签字： 年 月 日					
总监	签字： 年 月 日					

注：本表由出差人员填写，出差申请表原件作为财务报销凭证，复印件作为所在部门考勤资料报人力资源部。

七、员工奖惩建议申请表

员工奖惩建议申请表

申请日期：_____年___月___日

建议类别	奖励	记大功	小功两次	小功一次	嘉奖两次	嘉奖一次	表扬
	惩罚	记大过	小过两次	小过一次	申诫两次	申诫一次	警告
被建议人	部门：		职位：		姓名：		
事实说明							
部门经理							
人力资源部门意见							
总监复核意见							
总经办意见							

八、员工奖惩月报表

员工奖惩月报表

受奖惩者			奖惩方式	奖惩原因	发表日期
姓名	部门	职位			

九、员工奖励建议书

员工奖励建议书

姓名		性别		工号		所属部门	
奖励形式							
□口头表扬　□通报表扬　□嘉奖　□特级嘉奖　□晋升 □其他：							
奖励原因：							
奖励金额：							
部门经理意见：							
人力资源部审核：							
总监意见：							

十、员工违纪处罚单

员工违纪处罚单

姓名		性别		工号		所属部门	
处罚形式							
□口头批评　□通报批评　□记小过　□记大过　□解除劳动关系 □其他：							
处罚原因：							
处罚金额：							
违纪人签字：							
部门经理意见：							
人力资源部审核：							
总监审批：							

十一、奖惩意见书

奖惩意见书

□奖　□惩　　　　　　　　　　　　　　　　　　　　　日期：_____年____月____日

姓名		部门/岗位		工号	
奖惩原因					
奖惩意见					
奖惩依据					

当事人意见：	部门经理意见：	人力资源部经理导意见：
年　　月　　日	年　　月　　日	年　　月　　日

使用部门：　　　　　　　　人力资源部保存期限：1年

十二、纪律处分通知书

纪律处分通知书

编号：_____　　　　　　　　　　　　　　　　　　日期：_____年____月____日

姓名		所属部门		职位	
所犯过失 □擅自旷工　　　　　　□屡次迟到 □工作时瞌睡　　　　　□故意不服从上级或拒绝接受正当命令 □故意不以适当方法工作　□屡次逃避工作 □工作时或在公司赌博　　□行为不检点					
处分： □谴责 □停职：由_____年____月____日至_____年____月____日，共____日					
撤职生效日期：_____年____月____日					
备注					

十三、奖惩登记表

奖惩登记表

年度：　　　　　　　　　　　　　　　　　　　　　　　　　　　页次：

工号	姓名	奖惩事项及文号	统计					
			警告	记过	大过	嘉奖	记功	大功

十四、员工奖罚明细表

员工奖罚明细表

岗位	姓名	部门	奖罚	原因	本人署名	主管确认	经理签字

第六章

员工异动管理

第一节　员工异动管理要点

一、员工升职管理

当有职位空缺时，企业首先会考虑从内部人员中选拔优秀的员工；在没有合适人选时，才会考虑外部招聘。员工晋级的具体管理程序如下：

1. 申请核定

一般来说，各个部门都会在年初提出晋升名单，然后人力资源部门于每年规定的期间内，依据考核资料协调各部门主管提出的晋升建议名单，呈请核定。

2. 发布通知

凡经核定的晋升人员，人力资源部门应通过通报形式发布通告，晋升员工则以书面形式个别通知。

二、员工降职管理

1. 申请

降职程序一般是根据员工的职级职等由其上级主管领导提出申请，报送人力资源部，人力资源部根据公司政策，对提出的降职申请事宜作出调整。

2. 通告

凡已经核定的降职员工，人力资源部应通过通报形式发布通告，并以书面形式通知降职者本人。

3. 交接

公司内各级员工收到降职通知后，应于指定日期内办理好移交手续，履任新职，不得借故推诿或拒绝交接。

三、员工平调管理

1. 申请

调动程序一般是由人力资源部根据企业发展情况提出申请，报送总经理审批，然后请用人部门做好安排。

2. 通告

凡已经核定的平调员工，人力资源部应通过通报形式发布通告，并以书面形式通知平调本人。

3. 调整要求

调动是公司内部平行的员工调整，除了地区差异外，既没有提高职位、扩大调动员工的权力和责任，也不增加薪金。

四、员工辞职管理

企业对于员工辞职的管理，一般按照以下三个阶段进行：

1. 辞职申请阶段

一般来说，员工要离职都应于辞职前至少 1 个月向其主管提出辞职请求。辞职员工填写"辞职申请表"，交直接上级或加具意见后转人力资源部来核准实施。

2. 辞职谈话阶段

员工辞职时，该部门主管应与辞职员工进行谈话；如有必要，可请其他人员协助，谈话主要涉及以下内容：
（1）了解其辞职原因。
（2）审查其劳动合同。
（3）审查文件、资料的所有权。
（4）审查其了解公司秘密的程度。
（5）审查其掌管工作、进度和角色。
（6）阐明公司和员工的权利和义务。
记录离职谈话清单，经员工和谈话主管共同签字，并存入公司员工档案。

3. 辞职交接阶段

员工需依照公司的相关规定办理工作交接，并归还公司全部物品和欠款，并交相关部门事务负责人确认。交接时，主要包括以下内容：
（1）工作移交。
将本人经办的各项工作、保管的各类工作性资料等移交至部门主管所指定的人员。
（2）事务移交。
离职员工任职期间所领用物品的移交，主要包括：领用的办公用品、办公桌钥匙、借阅的资料、各类工具（如维修工具、测量工具、移动存储器、所保管工具等）、仪器、相机等。

（3）款项移交。

离职员工将经办的各类项目、业务、个人借款等款项事宜移交至财务部并签字确认。

上述各项交接工作完毕后，接收人应在"员工离职审批表"上签字确认，并经部门主管审核后方可认定交接工作完成。

第二节 员工异动管理制度

一、员工晋升管理办法

标准文件		员工晋升管理办法	文件编号	
版次	A/0		页次	

1. 目的

为激励员工士气及肯定表现优秀的员工，并使员工晋升管理规范化，以有效达成组织培养人才的目的，特制定本办法。

2. 适用范围

适用于本公司所有员工的晋升管理。

3. 权责

3.1 人力资源部职责

3.1.1 人力资源部负责全公司组织的架构、人员编制的汇总、监督管理，包括各部门人员编制数量的增、减、补，人员编制名称、职级的设定的监督管理。

3.1.2 负责公司各类人员晋升管理工作的具体组织、实施及协调。

3.1.3 员工晋升作业办理、人员晋升的相关培训及晋升评鉴。

3.2 各部门职责

3.2.1 员工晋升的提报。

3.2.2 对公司人员晋升整个过程的配合管理。

3.3 部门经理、总经理职责。

3.3.1 部门经理负责本部门组织架构、人员编制的确认、核实，对晋升人员的相关培训及晋升评鉴。

3.3.2 总经理负责对各部门新增、变更组织架构／人员编制及晋升人员的最终审核。

4. 作业内容

4.1 晋升的第一种形式：提名晋升的作业规范

4.1.1 所有人员的晋升每次原则上均以晋升1个级别为限。

4.1.2 实习主管晋升主管职务者应以同级为原则，不得跃级晋升。

4.1.3 员工当年度受警告或记小过（含）以上处分者，分别自惩处生效日起××个月内不得办理晋升。

4.1.4 根据员工绩效考核情况，对表现不佳的员工也可做降级处理。

4.1.5 员工每次晋升到上一个级别时，薪资的调整方式为：基本工资调整至拟晋升级别标准最低级工资起点，各项福利、津贴调整至拟晋升级别标准。

4.1.6 管理人员在拟晋升职务试用期间的薪资调整方式为：基本工资调整至拟晋升级别标准最低级工资起点，各项福利、津贴调整至拟晋升职务级别之标准。若试用不合格，则调回原岗位或由公司另行安排，其薪资将随岗位改变。

4.2 员工晋升条件

4.2.1 晋升人员学历要求：凡晋升非生产类B级（含）以上人员学历要求为大专（含）以上。

4.2.2 级别晋升条件表。

级别晋升条件表

晋升职级	原任职级	晋升条件	
		任原职时间	考核成绩
A级	B级	12个月	最近一次工作表现考核成绩：非管理类在85分以上，管理类在95分以上
B级	C级	8个月	
C级	D级	5个月	
D级	E级	3个月	

4.2.3 职位晋升条件表。

职位晋升条件表

晋升职务		原任职务		晋升条件		
等级	职务	等级	职务	任原职时间	教育训练	考核成绩
A	副总经理	A	总监	××个月以上	完成个别培训计划	最近一次工作表现考核成绩：非管理类在85分以上，管理类在95分以上
A	总监	A	经理	××个月以上	完成个别培训计划	
A	经理	B	主管	××个月以上	完成个别培训计划	

（续表见下页）

续表

晋升职务		原任职务		晋升条件		
等级	职务	等级	职务	任原职时间	教育训练	考核成绩
B	主管/实习主管	C	助理/师傅	××个月以上	完成B级管理人员培训	最近一次工作表现考核成绩：非管理类在85分以上，管理类在95分以上
^	^	C	非主管职	^	^	^
C	助理/组长	C	班/组长	××个月以上	完成C级管理人员培训	^
^	^	D	文员	^	^	^
D	组长/文员	E	员工	××个月以上	完成组长管理人员培训	^

（1）员工晋升组长级（含）以上职务时，须参加人力资源部组织的相应的管理人员培训课程，并考试合格。

（2）晋升主管级（含）以上人员未经过相应的管理人员培训者应以"实习主管"任用。

（3）拟晋升员工工作表现优秀但未达晋升任职时间要求者应以"实习主管"任用。

（4）二次聘用人员如在离开公司后又重新聘用者，提报晋升时其任职时间须以最近入职日期计算。

（5）晋升主管职务者须符合当年度公司组织编制要求，但若有为公司新业务部门储备培养管理人员的任务时，则其晋升不在此限，在呈报时须附注相关说明。

（6）晋升为C、D级职位需经本部门经理提名，人力资源部经理面谈审核，报人力资源部总监、总经理批准。

（7）晋升为B级（含）以上职位需经本部门经理提名，人力资源部总监面谈审核，报总经理批准。

4.3 实习主管职务的实习期限与考评规定

4.3.1 实习主管自实习职务生效之日起考评期限为××个月。考评期满，经权责经理考核合格且经过相应晋升强化培训者可予以转正。

4.3.2 实习主管实习期满后经考评如不能胜任所任职务，经呈报权责经理核准，取消其实习职务，恢复到原职务、职级及薪资标准。

4.4 晋升作业审核程序规定及需提报的资料

4.4.1 各部门经理可根据相应组织架构与人员编制空缺状况进行部门晋升人员推荐，并提报拟晋升人员所需晋升资料，由人力资源部首先进行书面审核作业，通过书面审核者按照晋升程序相关规定进入下一程序审核。

晋升作业审核程序规定及需提报的资料

晋升职务	晋升审核程序规定				晋升所需提报资料			
	笔试	面谈评鉴	自我工作总结报告	人事异动申请单	晋升人员最近一次考核成绩	工作业绩达成统计资料	组织架构与人员编制	晋升培训情况（试用期后确定是否转正用）
D级文员、班长	√	√		√	√		√	√
C级文员、组长	√	√		√	√		√	√
C级组长	√	√		√	√	√	√	√
B级主管	√	√	√	√	√	√（指车间）	√	√
A级经理	√	√	√	√	√	√（指车间）	√	√
A级总监（含）以上	√	√	√	√	√		√	√

4.4.2 晋升人员需先经过笔试，笔试内容主要为专业技术能力考试题，笔试合格后再进入面试。面试以综合素质机构化考试题为大纲，上级评委参考专业技术能力考试题和综合素质机构化考试题的分数及提报的一些业绩资料，填写"职员晋升审批表"并给予是否晋升的具体意见。上级评委就评鉴结论、被评鉴人优缺点及改进事项向被评鉴人作出回馈。

4.4.3 面谈评鉴未通过者，下次晋升同一职位时可重新提报。

4.4.4 晋升组长人员尚需提报本人晋升前半年内每月的业绩达成统计资料。

4.4.5 人事资料更新：人力资源部将"人事异动表"、《协议书》存档，并完成组织架构图。

4.5 晋升的第二种形式：内部竞聘作业规范

4.5.1 竞聘目的。

为了达到人尽其才的目的，公司欢迎本公司员工竞聘空缺职位，可根据人力资源部发布的招聘信息，填写"内部竞聘申请表"，在人力资源部办理相关手续。

4.5.2 组织竞聘。

（1）内部竞聘公告：人力资源部发布招聘通知，申请员工填写"内部竞聘申请表"并依表格由相关主管、经理签名确认，方可报名参聘。

（2）初次筛选资料：按竞聘要求初次审定参聘人员与参聘条件的符合性。

（3）组织测评：根据测评时间组织初次筛选合格人员进行测评。

（4）综合评估、录用：根据晋升办法对测评结果进行综合评定，符合条件人员予以录用。

（5）结果公布：人力资源部以通知形式向全公司通告录用人员情况。

（6）录用人员到职跟踪：人力资源部招聘负责人跟踪已录用人员到职情况，并同相关部门协调、沟通，做好相关交接工作。

（7）人事资料更新：人力资源部人事文员将《人事异动表》《协议书》存档，并完成组织架构图。

4.5.3 竞聘原则。

（1）公平、公正、公开原则。

（2）竞聘人员必须入职达××个月以上。

（3）鼓励人才的适当流动，但必须把握好各部门关键岗位、技术岗位人才的稳定性原则。

（4）采用部门负责人对报名人员签名确认同意，对符合条件人员积极配合参聘的原则。

（5）人力资源部选用内聘之前务必了解公司人力资源状况，依实际人力需求慎重选择。

4.5.4 评鉴规定。

按照4.1的"提名晋升的作业规范"办理。

4.6 正式晋升前的职能强化培训和晋升课程安排。

（1）晋升必修课程分三种类型：A级晋升必修课、B级晋升必修课、C级晋升必修课。

（2）所有获得A、B、C级晋升提名的人员，人力资源部将分发一份晋升必修课程表给每个晋升人员。

（3）晋升A、B、C级人员，晋升试用期为××个月，在试用期××个月内必须完成人力资源部规定的晋升必修课程学习。

A、B、C级人员晋升，培训课程表由人力资源部统一计划安排，每月月底会将下一个月培训的具体时间、受训人员、课程内容安排表等提前知会所有参加晋升提名的学员并要求其予以确认，如学员对临时受训时间安排有问题，需提前××天通知人力资源部，以便商议更改课程日程安排。

（4）A、B、C级晋升课程学习，必须在晋升试用期××个月内完成，并接受人力资源部统一命题考试，如在××个月内未学完晋升必修课程，将取消晋升提名的资格。

4.7 晋升人员考试规定

4.7.1 所有接受晋升培训学习的人员，必须参加人力资源部统一命题考试，考试成绩满××分以上（包括××分）为合格分数线。

4.7.2 考试成绩不满××分者，将延长晋升试用期，而且须再任选一门必修课程学习，学习完毕后安排补考，补考成绩如再不满××分者，则取消晋升资格。

4.7.3 考试成绩合格的由部门经理填写转正考核表，人力资源部经理审核，总经理最后批准，签批资料交人力资源部归档，并颁发培训结业证书。

4.7.4 考核转正表、考试合格试卷及人员异动单，由部门经理填写，人力资源部经理审核，副总经理或总经理签批，所有签字生效资料将列入人力资源部存档、备案。

4.7.5 人力资源部根据完整的信息资料出示人事任命通告，向全公司告知晋升职员的职称及任职到岗生效时间。

拟定		审核		审批	

二、岗位轮换管理制度

标准文件		岗位轮换管理制度	文件编号	
版次	A/0		页次	

1. 目的

为了对轮换岗位的选定、人员选定、计划制订到实施及结果考察的岗位轮换管理全过程进行规范，特制定本制度。

2. 适用范围

适用于总经理、部门经理级以下员工。

3. 管理规定

3.1 岗位选定

3.1.1 由人力资源部定期与各部门沟通，选定可以轮换和必须轮换的岗位，经人力资源总监审核批准后，作出公示。

3.1.2 轮换岗位分为强制轮换类、建议轮换类和个人意愿轮换类。

3.1.3 岗位轮换分为部门内轮岗和跨部门轮岗。

3.1.4 轮换形式分为短期轮岗和调动性轮岗。

3.2 人员选定

3.2.1 凡任职于必须轮换岗位的工作人员，工作满××年的，必须进行轮岗。由人力资源部根据轮换岗位的工作职责，与各部门协商制定岗位轮换的周期，并根据上述要求筛选出必须轮换的人员名单。

3.2.2 各部门员工可以根据自身职业发展的规划，在部门经理同意的前提下，向人力资源部提出轮岗申请，由人力资源部根据岗位与人员的匹配要求，制定出自愿轮岗人员名单，并备案。

3.2.3 人力资源部根据岗位轮换的要求，对轮换人员进行考察、测评，确认其与要轮换岗位的匹配度，最终定出岗位轮换人员名单，报人力资源部经理审核、批准。

3.3 计划与实施

3.3.1 人力资源部根据岗位轮换名单，与轮出和轮入部门协商，制订出轮岗计划。

3.3.2 轮岗的实施遵循以下几点原则：

（1）不能对岗位轮出和轮入部门的工作产生较大影响。

（2）有利于参与岗位轮换的人员提高自身综合素质及工作绩效。

3.3.3 岗位轮换计划有短期计划和长期计划，长期轮换计划的实施参考《工作调动管理规定》。短期岗位轮换计划中，其本身工作关系仍在原部门，只是在规定时间内到轮换岗位从事指定的工作。

3.3.4 岗位轮换计划包括轮换的部门、岗位、轮换时间、轮换岗位的职责。所有参加轮换的人员必须填写"岗位轮换人员登记表"，由相关部门协商、审核，报人力资源部批准、备案后，按计划实施。

3.4 监督与考核

3.4.1 人力资源部对所有参与轮岗的人员进行全过程的跟进，轮岗结束后轮岗人员写出工作总结，由轮入部门进行评价。

3.4.2 轮岗过程中表现优秀的人员，公司将会作出适当奖励，考核结果作为工资调级和个人晋升的依据。

3.4.3 短期轮岗结束后，轮岗人员按计划回到原工作岗位。

拟定		审核		审批	

三、员工内部调动管理办法

标准文件		员工内部调动管理办法	文件编号	
版次	A/0		页次	

1. 目的

为规范员工的内部调动，给员工提供平等的竞争机会，创造积极向上的工作氛围，特制定本办法。

2. 适用范围

适用于公司所有在职员工。

3. 管理规定

3.1 调动类别

员工在任职期内，公司可对其岗位做出下列变动：

3.1.1 调岗：公司因机构调整或业务需要，或为提升员工的工作能力，可安排员工调岗。

3.1.2 借调：公司因业务需要，可将员工借调到公司内的基层单位或其他部门。

3.1.3 降职：个别员工因不适应当前职位，可安排其到公司其他岗位工作。

3.2 调动原则

公司本着合理配置人力资源，公平、公正、公开的原则开展员工调动工作。

3.3 调动程序

3.3.1 调岗。

（1）当公司内部出现岗位空缺时，除外部招聘外还可考虑内部提升或平级调岗，公司有关部门及员工本人均可提出调岗。

（2）公司有关部门提出调岗的，由人力资源部负责协调，取得调入与调出部门负责人的同意后，填写"员工调动审批表"，按人员聘用权限报总经理批准。

（3）员工提出调岗的，由本人提交书面调岗申请，填写"员工调动审批表"，并报所在部门经理及调入部门经理同意后，由人力资源部参照员工聘用审批程序办理。

（4）人力资源部向员工和相关部门发出"内部调整通知单"。

3.3.2 借调。

（1）由公司或拟借调部门的管理层提出，并经人力资源部与相关部门协商确定。

（2）用人部门向人力资源部提出借调申请，由人力资源部会同用人部门、调出部门及员工本人协商取得一致。

（3）由被调动的人员填写"员工调动审批表"，经相关部门确认无误后，报公司总经理批准。

（4）人力资源部向调动人员发出"内部调整通知单"。

3.3.3 降职。

（1）有下列情形之一者，予以降职或降薪：

情形一	由于组织结构调整而精简人员
情形二	依公司制度受到处罚予以降职或降薪
情形三	不能胜任本职工作，经岗位轮换后仍不胜任者或其他相关部门没有空缺职位时予以降职

（2）由人力资源部填写"员工调动审批表"，经相关部门确认无误后，报公司总经理批准。

（3）人力资源部向调动人员发出"内部调整通知单"。

3.3.4 移交

员工在接到"内部调整通知单"后，应于 1 日内与调出部门办妥工作移交手续，并至调入部门报到。如因特殊原因在规定时间内无法办妥移交手续时，可酌情延后移交期限，最长以 3 日为限。

3.3.5 离任审计。

管理人员调离原管理岗位时，依据公司财务相关制度进行离任审计。

拟定		审核		审批	

四、员工辞职、辞退（开除）管理办法

标准文件		员工辞职、辞退（开除）管理办法	文件编号	
版次	A/0		页次	

1. 目的

为加强本公司的人事管理和规范公司和员工的劳动用工行为，维护公司和员工的合法权益，使公司的人事管理规范化，依据《中华人民共和国劳动法》等国家相关法律法规和规定，结合本公司实际情况，特制定本办法。

2. 适用范围

适用于员工辞职、辞退（开除）工作的管理。

3. 定义

3.1 辞职：指劳动合同未到期或劳动关系存在期间由员工主动提出提前与公司解除劳动关系的行为。

3.2 辞退：指劳动合同未到期由公司主动提出提前与员工解除劳动关系的行为。

3.3 开除：指因员工触犯国家刑律或严重违反公司规定而由公司作出的一种

行政处罚，其中包含提前解除劳动关系的条款。

4. 管理规定

4.1 辞职

4.1.1 辞职程序：

（1）本公司员工因故辞职时，应首先向部门经理说明辞职原因和情况，经部门经理同意后到人力资源部索要"辞职申请书"，写明真实辞职原因，填好后交主管部门主管签署意见，然后交人力资源部。

（2）人力资源部呈总经理审批。

（3）人力资源部根据总经理的批准意见，通知申请人。

（4）申请人向人力资源部索要"离职交接单"办理工作移交手续。

（5）人力资源部凭"离职交接单""离职人员薪资结算单"给予辞职者计算考勤呈交财务部，并开具"离职证明书""解除劳动合同证明书"。

（6）财务部根据人力资源部或总经理批复的薪资结算日期给予离职人员办理薪资结算。

4.1.2 员工辞职需依以下时间规定：

（1）试用期人员提前3日提出申请。

（2）正式员工提前30日提出申请。

4.1.3 辞职者自"辞职申请书"递交之日起到工作交接完毕这段时间，均视为出勤，但辞职者须恪尽职守，遵守公司规定，正常工作。

（1）辞职者自"辞职申请书"递交之日起到工作交接完毕这段时间，凡请假××天及以上者，其本人离职薪资结算按请假时间相应地向后顺延。

（2）在此期间，如有员工未在公司上班且未与部门经理或主管请假的做旷工处理，连续旷工××日及以上者，作自动离职处理，予以开除，当月工资不予结算。

4.1.4 对无视公司规定，不办任何手续就擅离职守，或辞职要求未获批准就离开公司的员工，视为违反公司管理制度，自动解除劳动合同，作自动离职处理，公司不予结算工资。由此给公司造成重大经济损失的，公司保留对其追究法律责任的权力。

4.2 辞退（开除）

4.2.1 根据《中华人民共和国劳动合同法》第三十九条和第四十条，有以下情况之一者，各部门经理可提出辞退建议：

（1）试用期间被证明不符合录用条件或能力较差，表现不佳而不能按时完成工作任务的。

（2）违反公司劳动纪律或公司规章制度的。

（3）患有非本职工作引起的疾病或因公负伤，医疗期满后，经医疗部门证实身体不适、不能胜任本职工作的。

（4）员工明显不适应本职工作需要，参加岗位培训后考核仍不合格的。

（5）工作能力及效率无明显提高者，经过岗位培训后表现仍然较差的。

（6）不接受培训或培训成绩不合格的。

（7）工作责任心不强的，经过多次谈话仍无明显改善的。

（8）在公司以外从事兼职的。

（9）因公司业务紧缩需减少一部分员工时。

（10）法律、法规规定可以解除劳动关系的其他情形。

4.2.2 有下列情形之一者，予以开除：

（1）被依法追究刑事责任的。

（2）严重违反劳动纪律或公司规章制度者。

（3）违抗命令，不服从领导安排或擅离职守，情节十分严重者。

（4）连续旷工达××天及以上或1年累计旷工超过××天者。

（5）工作疏忽，贻误时机，致使公司蒙受较大损失者。

（6）营私舞弊，挪用公款，收受贿赂者。

（7）偷盗同事和公司财物者。

（8）聚众罢工怠工，造谣生事，破坏正常的工作和生产秩序者。

（9）以暴力手段威胁同事者、打架斗殴者。

（10）涂改文件、伪造票证者。

（11）对公司利益造成重大损害的。

（12）其他法律法规规定的违法违纪行为。

4.2.3 当辞退（开除）的情形出现时，如当事人的行为给公司造成损失的，应按国家及公司有关规定承担相应的赔偿责任。

4.2.4 公司辞退员工时，应提前告之，其规定如下：

（1）试用期间员工提前3日告知。

（2）正式员工提前30日告知。

4.2.5 本公司依4.2.2的规定开除员工时无需提前告知，开除决定自发布之日起生效。

4.2.6 辞退程序：

（1）员工所在部门经理向人力资源部索要"辞退申请表"，填妥后交人力资源部审核。

（2）人力资源部审核后交总经理审批。

（3）人力资源部依总经理批准意见签发"辞退通知书"到申请部门。

（4）员工持"员工辞退通知书"到人力资源部索取"离职交接单"办理工作移交手续。

（5）人力资源部依"离职交接单""离职人员薪资结算单"给辞退者计算考勤呈交财务部，并开具"离职证明书""解除劳动合同证明书"。

（6）财务部根据人力资源部或总经理批复的薪资结算日期给离职人员办理薪资结算。

4.2.7 开除决定由各部门经理作出，总经理批准，并报人力资源部门备案。

4.2.8 被公司开除的员工仍须按公司规定办理工作移交手续，如拒绝移交或不按规定移交，给公司造成经济损失的，将按相应的规定在离职薪资结算中予以扣除。

4.2.9 被辞退的员工对辞退处理不服的，可以在收到"辞退通知书"之日起××日内，到公司人力资源部申诉。

4.2.10 被辞退（开除）员工在收到《辞退（开除）通知书》之日起到批准的离职薪资结算日期间，仍需继续遵守公司各项规章制度，如有违反公司规章制度，进而影响公司正常生产和工作秩序的，将予以立即辞退（开除）处理。

4.2.11 员工有下列情形之一的，公司不得依本规定解除劳动合同（按其他规定协商处理）：

（1）患本公司职业病或因工负伤并确认丧失或部分丧失劳动能力的。

（2）患病或者负伤在规定的医疗期内的。

（3）女员工在孕期、产期、哺乳期内的。

（4）法律、法规规定的其他情形。

拟定		审核		审批	

五、员工离职管理规定

标准文件		员工离职管理规定	文件编号	
版次	A/0		页次	

1. 目的

为规范公司员工的离职管理工作，确保日常工作和生产任务的连续性，确保公司和离职员工的合法权益，特制定本规定。

2. 适用范围

公司所有员工，不论何种原因离职，均依本制度办理。若有特殊情况，由总经理签字认可。

3. 权责

3.1 人力资源部负责员工的离职管理工作。

3.2 离职人员所在部门协助人力资源部完成工作、事务的交接手续。

3.3 财务部负责员工薪资款项的核算与支付。

4. 管理规定

4.1 离职类别

4.1.1 合同终止：员工终止履行受聘合同或协议而离职。

4.1.2 员工辞职：员工因个人原因申请辞去工作，有两种情形。

（1）公司同意，且视为辞职员工违约。

（2）公司同意，但视为员工部分履行合同（视实际情况由双方商定）。

4.1.3 自动离职：员工因个人原因离开公司，有两种形式，一种是不辞而别，一种是申请辞去工作，但公司未同意而离职。

4.1.4 公司辞退、解聘。

（1）员工因各种原因不能胜任其工作岗位者，公司予以辞退。

（2）因不可抗力等原因，公司可与员工解除劳动关系，但须提前30天发布预先辞退通知。

（3）违反公司、国家相关法规、制度，情节较轻者，予以解聘。

4.1.5 公司开除：违反公司、国家相关法规、制度，情节严重者，予以开除。

4.2 办理离职手续

4.2.1 离职申请。

（1）离职员工，不论是何种原因都应填写员工离职申请表，并按照离职表相关要求逐级审批。

（2）员工离职的书面申报，应提前30天报送。

4.2.2 员工离职应办理以下交接手续。

工作移交，即离职员工将本人经办的各项工作、保管的各类工作性质资料等移交给指定的交接人员，并要求接交人员在《离职移交清单》上签字确认。

4.2.3 结算。

（1）结算条件：当交接事项全部完成，财务部方可对离职员工进行相关结算。

（2）结算部门：离职员工的工作、违约金等款项的结算由财务、人力资源部共同进行。

（3）结算项目如下表所示（见下页）：

结算项目

序号	结算项目	具体说明	
1	违约金	因开除、解聘、自动离职和违约性辞职产生的违约金,由人力资源部按照合同违约条款进行核算,包括劳动合同期未满违约金和保密、竞业协议违约金	
2	赔偿金	违约性离职对公司造成的损失,由人力资源部、财务部共同进行核算,包括物品损失赔偿金、培训损失赔偿金	物品损失赔偿金:公司为方便办公所配置的物品,不能完好归还,按物品使用年限折旧后的余额赔偿损失
			培训赔偿金:按《培训协议》相关条款进行赔偿
3	工资	(1)合同期满人员,发放正常出勤工资,无违约责任。 (2)公司辞退的人员,发放正常出勤工资,双方互不承担违约责任。 (3)因公司经营状况等特殊原因的资遣人员,发放正常出勤工资外,公司另外加付××个月基本工资。 (4)项目损失补偿金。项目开发人员违约性离职,其负责的开发任务未能完成和移交,应赔付公司项目损失补偿金。	

4.2.4 关系转移

(1)转移条件:交接工作全部完成(以交接单签字确认);违约金、赔偿金等结算完成(以签字确认)。

(2)转移内容:档案关系、社保关系。

(3)公司内部所建立的个人档案资料不再归还本人,由人力资源部分类存档。

4.3 其他

4.3.1 员工离职工作以保密方式处理,并保持工作连贯、顺利进行。

4.3.2 本制度在执行过程中如发生异议,经双方协商未能解决,任何一方均可以提请当地劳动仲裁机构或人民法院解决。

拟定		审核		审批	

第三节 员工异动管理表格

一、员工晋升申请表

员工晋升申请表

部门		姓名		工号	
原职称		晋升职称		任职期	

续表

原职位		晋升职位			任职期			
近一年考核成绩	1月	2月	3月	4月	5月	6月	7月	8月	9月	10月	11月	12月

近一年奖惩情况	

晋升原因	

原职主要工作职责		晋升后主要工作职责	
提报人		提报日期	
人力资源部初审意见		初审人	
		日期	
总经理核准意见		签名	
		日期	

二、晋升考核评估表

晋升考核评估表

部门		姓名		工号	
原职称		晋升职称		任职日期	

考核项目及评分							
考核项目	评分	满分	特优 10～9	优 8～7	中 6～5	尚可 4～3	不足 2～1	评语及建议
知识经验	1. 熟悉工作领域所需的专业知识和经验	10						
	2. 了解公司及工作要求，并按要求做事	10						
技能	1. 有系统的思考能力，能以全局考虑问题	10						
	2. 具有较强的沟通和谈判能力	10						
	3. 具有组织、领导和管理能力	10						
	4. 人才培育能力	10						

（续表见下页）

续表

考核项目		评分 满分	特优 10～9	优 8～7	中 6～5	尚可 4～3	不足 2～1	评语及建议
个人特质	1. 接受挑战的勇气	10						
	2. 敬业精神	10						
	3. 学习能力	10						
价值观	1. 工作热忱，有事业心	10						
	2. 团队协作	10						
	3. 诚信	10						
考核总分		120	实际得分					
人评会主任				考核人				

三、管理职务晋升推荐表（主管及以上人员适用）

管理职务晋升推荐表（主管及以上人员适用）

姓名		性别		年龄		户口所在地		籍贯	
最高学历		所学专业		政治面貌			毕业学校		
个人爱好及特长					计算机水平				
参加工作时间				工作年限			在本公司工作年限		
现任职									
部门			职务		聘任日期：　年　月　日		累计聘任年限		年　个月
拟晋升职位									
推荐	□晋升			拟晋升部门					
	□后备领导者			拟晋升职务					
推荐理由及晋升原因									
自评（优劣势）									
部门负责人意见									
公司负责人意见									

续表

人力资源部任职资格审查	职缺状况	○是　　　　　○否 ○后备人才　　○其他
	考核成绩	历年考核成绩达规定的标准是：
	审核意见	○具备推荐职务基本资格条件，同意晋升
		○尚有不足，建议先代理职务或延期办理
		○同意推荐为储备领导者：____
		○建议其他部门_____职务_____
		签名：　　　　　　日期：
领导意见：		
		签名：　　　　　　日期：

说明："推荐理由及晋升原因"栏，员工自荐时，由员工本人填写并签名；公司（部门）推荐时，由公司（部门）负责人填写并签名。

四、员工晋升综合素质与能力考核表（主管人员适用）

员工晋升综合素质与能力考核表（主管人员适用）

姓名：　　　　　　拟任职部门：　　　　　　拟任职职务：

考核项目	考核内容	分值	员工自评	经理评估	小计
工作态度	1. 把工作放在第一位，努力工作	20			
	2. 对新工作表现出积极态度				
	3. 忠于职守				
	4. 对部下的过失勇于承担责任				
工作与团体协作	1. 正确理解工作目标，有效制订适当的实施计划并确定资源	30			
	2. 按照员工能力和个性合理分配工作				
	3. 做好部门间的联系和协调工作				
	4. 工作中保持协作的态度，推进工作				
管理监督	1. 善于放手让员工工作，鼓励大家的合作精神	20			
	2. 注意生产现场的安全卫生和整理整顿工作				
	3. 妥善处理工作中的失误和临时参与的工作				
	4. 在人事安排方面下属没有不满				
指导协调	1. 经常保持调动下属的工作积极性	15			
	2. 主动努力改善工作环境，提高效率				
	3. 积极训练、引导下属，提高下属的技能素质				
	4. 对工作进行目标管理，使工作协调进行				

续表

考核项目	考核内容	分值	员工自评	经理评估	小计
工作能力	1. 正确认识工作意义，带领下属取得最好成绩	15			
	2. 工作成绩达到预期目标或计划要求				
	3. 工作总结汇报准确真实				
	4. 工作方法正确，时间与费用使用得合理有效				
总评分		100			
经理评语	签名：				
员工签名					

说明：1. 请根据行为出现的频率，结合以下标准进行评价，满分为100分。评分标准："总是"90%～100%分值；"经常"70%～80%分值；"有时"40%～60%分值；"偶尔"10%～30%分值；"从不"0分。

2. "小计"栏的成绩计算为：员工评分 ×0.4+ 经理评分 ×0.6；各项合计得分为考核成绩。

五、员工晋升综合素质与能力考核表（普通员工适用）

员工晋升综合素质与能力考核表（普通员工适用）

序号	项目	要素	分值	员工自评	经理评估	小计
1	团队合作	在工作中善于寻求他人的帮助和支持，或主动调动各方面资源以实现目标	10			
2		积极主动与团队成员坦诚地沟通，并给予他人积极的反馈				
3		在成绩面前常说"我们"而不是"我"				
4	不断创新	能够在现有的工作基础上，提出新的观点和方法	10			
5		乐于接受他人的建议，改进自己的工作				
6		善于发现问题并尝试解决，敢于尝试用新的方法改善工作				
7	快速学习并不断分享知识	主动学习并能够快速适应新岗位及新工作的要求	15			
8		主动寻求各种途径提高业务技能，了解和跟踪本行业先进技术和发展趋势				
9		乐于与他人相互学习，并分享经验和信息				

续表

序号	项目	要素	分值	员工自评	经理评估	小计
10	责任心与主动性	重视客户需求，努力为客户解决问题	15			
11		工作尽心尽责，任劳任怨				
12		有高度主人翁精神，经常能主动地考虑工作疑难问题并着手解决				
13	工作能力	保证完成每一项工作的准确性与及时性	15			
14		能贯彻执行相关规章制度	15			
15		遇事善于分析判断且判断结果准确，具备较强的数据观念	10			
16		与人合作时沟通表达能力强，能准确领悟对方或表达自己的意图	10			
	合计		100			
经理评语				签名：		
员工签名						

姓名：　　　　　　　　拟任职部门：　　　　　　　　拟任职职务：

说明：1. 请根据行为出现的频率，结合以下标准进行评价，满分为100分。评分标准："总是"90%～100%分值；"经常"70%～80%分值；"有时"40%～60%分值；"偶尔"10%～30%分值；"从不"0分。

2. "小计"栏的成绩计算为：员工评分×0.4+经理管评分×0.6；各项合计得分为考核成绩。

六、工作岗位轮换申请表

工作岗位轮换申请表

姓名		性别		年龄		学历	
当前工作部门				职位名称			
目标部门/岗位							
轮换原因							
本部门领导意见						审批人： 日期：	
目标部门领导意见						审批人： 日期：	
人力资源部门意见						审批人： 日期：	

审核人：　　　　　　　＿＿＿＿年＿＿月＿＿日

七、岗位人员轮换登记表

岗位人员轮换登记表

姓名_____ 性别_____ 学历_____ 入职时间_____
轮出部门_____ 轮出岗位_____
轮入部门_____ 轮入岗位_____

轮岗原因		签名：	
轮岗起止时间：		至	
轮出部门意见	经理签字：	轮出主管领导审批	
轮入部门意见	经理签字：	轮入主管领导审批	
人力资源部意见			签字：

八、员工工作岗位轮换登记卡

员工工作岗位轮换登记卡

姓名		性别		学历	
工作轮换经历					
第一次轮换		工作部门	部门经理	具体工作	工作期限
	轮换前				
	轮换后				
	接受培训	1. 2. 3.			
第二次轮换		工作部门	部门经理	具体工作	工作期限
	轮换后				
	接受培训	1. 2. 3.			
第三次轮换		工作部门	部门经理	具体工作	工作期限
	轮换后				
	接受培训	1. 2. 3.			

九、员工工作岗位调动审批表

员工工作岗位调动审批表

_____年___月___日

姓名		性别		年龄	
最高学历		专业		拟调日期	
调动形式	□调岗　　□借调　　□降职				
原部门			原岗位职务		
拟调往部门			拟调岗位职务		
调动原因					
新岗位试用期	_____年___月___日起至_____年___月___日止（共___个月）				
新岗位职责					
工资是否调整	□是（按_____职务_____级别发放）　□否				
调出部门意见	（盖章）				
调入部门意见	（盖章）				
人力资源部意见	（盖章）				
总经理					

十、内部调整通知单

内部调整通知单

姓名		性别		年龄	
工作调整到岗日期					

很高兴地通知您，根据您的申请，我们对您的工作做出了相应调整，调整后的安排如下：

部门	变动前		职位	变动前		级别	变动前	
	变动后			变动后			变动后	

请您在接到通知后尽快办理相关交接手续并于规定时间到新的岗位就职。
希望您在新的工作岗位上取得更好的成绩。

××公司人力资源部
日期：

十一、调换工种申请表

调换工种申请表

部门			姓名		年龄	
入职日期		现学历		原工种	拟调换工种	
原部门主管意见				签字：	日期：	
部门经理意见				签字：	日期：	
调入部门经理意见				签字：	日期：	
人力资源部意见				签字：	日期：	

十二、调换工种通知单

调换工种通知单

部 门		姓 名		年 龄		性 别	
到职时间		学历		原工种		调换后工种	

请所在部门从_____年____月____日起按此通知执行。

×××公司人力资源部（盖章）
签发： 日期：

十三、内部调动通知单

内部调动通知单

××部门：
　　因工作需要，经研究决定调_____小姐／先生到××部门工作，请将该员工年休假、服装发放事宜，填入备注一栏。

姓名		到职日期		职务	
薪金标准		调出部门		调出日期	
调入部门		报到日期		止薪日期	
备 注	1. 工资、奖金、福利等发放至_____年____月____日 2. 假期已休至： 3. 其他：				

×××公司人力资源部（盖章）
签发： 时间：

十四、员工离职申请表

员工离职申请表

部门		姓名		岗位	
员工级别		入公司时间		预计离职时间	
离职原因： 　　劳动合同终止：□合同到期不续签 　　劳动合同解除：□试用期内合同解除　　□合同期内辞职 详细说明： 离职人签名：					
部门意见	□同意辞职，移交时间、接交人和其他补充： □不同意，理由： □暂缓待审议，理由：				
人力资源部意见					
副总经理审核					
总经理审批					

十五、公司员工辞退、除名申请单

公司员工辞退、除名申请单

提出部门		拟辞退、除名人员	
岗位		职务/职级	
入职时间		合同期限	
辞退、除名理由及依据				
部门经理意见				
人力资源部意见				
副总经理审核				
总经理审批				

十六、员工离职手续签收单

员工离职手续签收单

姓名		部门		岗位		
职务		工号		预计离公司时间		
项目	内容		记录			说明及相关负责人签字
岗位工作交接	本月考勤与请假		出勤____天,病事假____天,其他____天			
	物品、资料、文件及遗留工作移交(由离职者本人拟定、直接上级确认)		见附件"员工离职、调岗工作交接清单"			移交人: 接交人: 监交人:
人力资源部	办公室、更衣柜钥匙、考勤卡等移交					
	办公设备(U盘、电脑、相机等)					
	借用书籍					
	合同终止补助金(公司)					
	应承担培训费用情况					
	工资结算					
	保险结算		截至月底			
	服装费					
	其他					
财务部	应收应付账款两清					
	借款清算					
	账务移交					
	其他					
人力资源部经理意见						
副总经理审核						
总经理审批						

十七、员工离职、调岗工作交接清单

员工离职、调岗工作交接清单

姓名		部门		岗位		职务	

续表

类别	□离职　预期离职时间：			
	□调岗　预期调岗时间：			
岗位交接清单	交接清单由离职人（调岗人）编拟，其直接上级审核补充		审核人签名	备注
	资料类			员工在职期间所产生或持有的所有工作资料（文本、电脑资料）、技术资料、方案、计划、档案等
	物品类			公司配置的办公用品、从公司或其他部门借出或领用的物品
	工作事项类			离职离岗前尚未处理完毕的业务或工作事项
	财务类			所有应收应付账款；所有业务往来客户清单；税务票据情况
	其他类			除上述类型外的其他事项
部门经理签字确认				
交接签章	移交人			
	接交人			
	监交人			
人力资源部意见				

十八、员工离职资料移交清单

员工离职资料移交清单

离职原因	□合同到期　□辞职　□辞退　□开除					
	以下填写工作移交手续					
所在部门工作移交	□1. 企业的各项内部文件 □2. 经管工作详细说明 □3. 客户信息表、供销关系信息表 □4. 培训资料原件 □5. 企业的技术资料（包括书面文档、电子文档两类） □6. 项目工作情况说明（包括项目计划书、项目实施进度说明、项目相关技术资料、其他项目相关情况的详细说明）					
	□附交接清单页　□不附交接清单					
	移交人		接交人		监交人	
	日期		日期		日期	

（续表见下页）

续表

以下填写事物移交手续	
本部门	□借用资料　□文件资料　□办公室钥匙　□办公用品 部门经理签字：　　　　　　　　　交接人： 日期：　　　　　　　　　　　　　日期：
人力资源部	□解除劳动关系　□保险手续　□员工手册　□档案调出 经理签字：　　　　　　　　　　　日期：
行政部	□胸卡　□工作服　□劳保用品　□通信设备　□宿舍退房及用品验收 经理签字：　　　　　　　　　　　日期：
财务部	□欠款清理　□财务清算　□工资发放 经理：　　　　　　　　　　　　　日期：
副总经理	签字：　　　　　　　　　　　　　日期：
离职员工	我确认上述手续已全部完成，从此解除我与××公司的劳动服务关系 签字：　　　　　　　　　　　　　日期：

注：本单一式两份，离职员工与公司人力资源部各执一份。

十九、离职员工沟通记录

离职员工沟通记录

离职员工姓名/职务		沟通者姓名/职务	
沟通地点		沟通时间	
沟通内容			
离职主要原因		给予公司的建议	
人力资源部签字			

二十、员工离职面谈表

员工离职面谈表

填表日期：＿＿＿年＿＿月＿＿日

离职人员姓名		所在部门	
担任职位		工号	

续表

入职日期		离职日期	
面谈者		职位	
1. 请指出你离职最主要的原因（请在恰当处加√号），并加以说明	□薪金 □工作性质 □工作环境 □工作时间 □健康因素 □福利 □晋升机会 □工作量 □加班 □与公司关系或人际关系 其他：
2. 你认为本公司在哪些方面需要加以改善（可选择多项）	□公司政策及工作程序 □部门之间沟通 □上层管理能力 □工作环境及设施 □员工发展机会 □工资与福利 □教育培训与发展机会 □团队合作精神 其他：
3. 是什么促使你当初选择加入本公司？			
4. 在你做出离职决定时，你发现本公司在哪些方面与你的想象和期望差距较大？			
5. 你最喜欢本公司的方面有哪些，最不喜欢本公司的哪些方面？			
6. 你所在的工作岗位上，你面临的最大的困难和挑战是什么？			
7. 你对本公司招聘该岗位的任职者有什么建议？			
8. 你认为本公司应该采取哪些措施来更有效地吸引和留住人才？			
9. 你是否愿意在今后条件成熟的时候再返回公司，是否会为本公司继续效力？简单陈述理由：			

二十一、员工辞退通知书

员工辞退通知书

姓　名		部　门		职　务	
到职日期	年　月　日	离职日期	年　月　日	工　号	
辞退（辞职）原因					
部门经理意见	签字： 　　　　　　　日期：				
人力资源部经理意见	签字： 　　　　　　　日期：				
总经理意见	签字： 　　　　　　　日期：				

注：此通知书一式三份，员工、部门经理、人力资源部各一份。

第七章

绩效考核与激励管理

第一节　绩效考核与激励管理要点

一、绩效考核的实施过程及原则

1. 绩效考核的实施过程

绩效考核的实施过程主要包括以下五个主要环节：

（1）制定绩效目标。

一般来说，企业要根据战略规划分解出各部门的主要目标，各部门再根据各部门的目标，明确个人的岗位职责与工作任务，然后根据工作任务制订工作计划，最后从工作计划中提取关键业绩指标。

（2）制定绩效标准与权重。

设定了绩效目标后，就要求量化目标，即目标是具体的、可衡量的、可达到的、相关的、有时限的标准。然后要根据设定的标准分出层次，如，可以将标准分为优秀、良好、合格、需改进和不合格五个水平。管理者在制定标准时，一定要注意与员工的沟通，即绩效考核标准应由主管与员工共同来确定完成。

（3）绩效辅导。

绩效辅导阶段的主要工作就是持续不断地进行绩效沟通，收集数据形成考核依据。管理者在绩效辅导的过程中，对员工的突出贡献和绩优行为，管理者应给予及时的赞扬和激励，这将极大地调动员工的工作热情，使好的行为得以强化和继续，有利于良好组织绩效氛围的营造。

（4）考核评价。

管理在对员工进行绩效评价时，要首先汇总检查员工的相关绩效数据是否准确、完整，在确认数据完整且没有错误后，可以依据这些数据对员工绩效完成情况进行评价。

常见的评价方式包括：工作标准法、叙述评价法、量表评测法、每日评成记录法、关键事件记录评价法、目标管理法、强制比例分布法、配对比较法等。

（5）结果反馈与面谈。

员工对绩效考核分数有分歧，管理者必须与员工进行面谈。面谈时员工可以提出自己的意见，如果管理者认为说得有道理分数是可以更改的。员工对自己的考核结果表示认可后并签字确认。

通常，反馈应该关注于具体的工作行为，依靠客观数据，而不是主观意见和推断。

2. 绩效考核的管理原则

绩效考核必须遵从下图所示的几个原则：

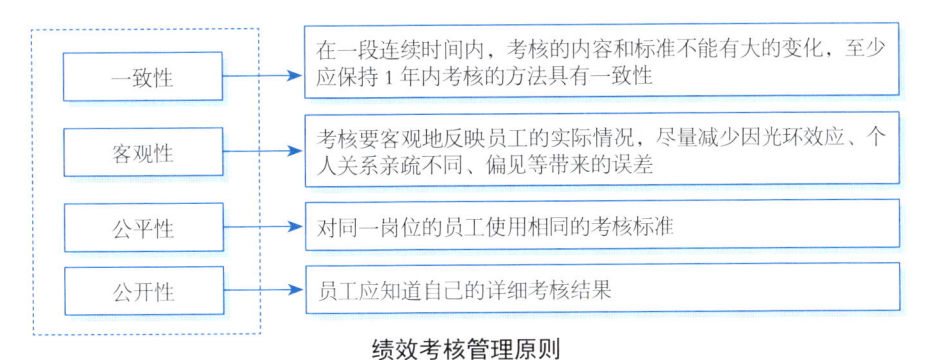

一致性	在一段连续时间内，考核的内容和标准不能有大的变化，至少应保持1年内考核的方法具有一致性
客观性	考核要客观地反映员工的实际情况，尽量减少因光环效应、个人关系亲疏不同、偏见等带来的误差
公平性	对同一岗位的员工使用相同的考核标准
公开性	员工应知道自己的详细考核结果

绩效考核管理原则

二、员工激励手段及原则

1. 企业常用激励手段

企业常用的激励员工的手段主要有以下表所示的几种：

企业常用激励手段

序号	手段	具体说明
1	行政激励	行政激励主要是通过按照企业规章制度给予的嘉奖、记小功、记大功、荣誉称号等奖励，或者各相关部门评比确定各类委员、代表、标兵、模范、先进工作者等方式来进行
2	物质激励	就是通过满足个人的物质利益的需求，来激发干部和员工的积极性和创造性
3	升降激励	企业的升降激励以任人唯贤、升降得当为原则，并坚持正确的择优路线，唯能是用、德才兼备。企业要建立严格的上岗考核制度和选拔任用制度，尽量做到选贤任能
4	调迁激励	企业地调迁激励方式有：岗位调动、部门调动、任务调动和入学深造等。它主要是通过调动管理者和员工去重要岗位、重要部门担任重要工作或者去完成重要任务，使管理者和员工有一种信任感、尊重感和亲密感，从而调动工作积极性，产生一种正强化激励作用
5	荣誉激励	企业的荣誉激励方式主要是授予员工各种荣誉称号，如：先进工作者、劳动模范、优秀干部/员工等。被企业授予荣誉称号，即被承认为优秀管理者、员工的学习榜样，标志了某方面追求的成功和自我价值的增值，是对一种高级精神需要的满足
6	示范激励	企业的示范激励方式有：某人在某个方面值得学习，即将其树立为某个方面的榜样；某人在某一层次有代表性和可学性，即将其树立为某一层次管理者和员工学习的榜样
7	日常激励	企业的日常激励主要采取语言表达方式和形体示意方式来进行

2. 激励管理实施原则

企业管理者在制定和实施激励措施时，应遵循下图所示的几个原则：

要因人而异	企业管理者在制定和实施激励措施时，首先要调查清楚每个员工真正需要的是什么，并将这些需要整理、归类，然后再制定相应的激励措施
奖惩适度	一般来说，奖励过重会使员工产生骄傲和满足的情绪；奖励过轻则彰显不出激励效果。惩罚过重会让员工感到不公；惩罚过轻则让员工轻视错误的严重性
公平性	任何不公的待遇都会影响员工的工作效率和工作情绪。因此取得同等成绩的员工，一定要获得同等层次的奖励；犯同等错误的员工，应受到同等层次的处罚。如果做不到这一点，管理者宁可不奖励或不处罚

激励管理实施原则

第二节 绩效考核与激励管理制度

一、绩效考核管理办法

标准文件		绩效考核管理办法	文件编号	
版次	A/0		页次	

1. 总则

1.1 目的

为促进公司管理现代化，建立科学的管理制度，充分发挥每位员工的积极性和创造性，结合公司实际情况，特制定本办法。

1.2 适用范围

公司的所有员工均需参加考核。总经理由董事会负责考核，不在本办法考核范围之内。

公司员工分成2个职系，即管理职系 M 级、技术职系 P 级。部门经理以上为 M 级（包含部门经理），部门经理以下为 P 级。具体参考公司 MP 职等职级管理办法。

考核对象具体分为高层管理、中层管理、基层员工、试用期员工、实习生等各类人员。

1.3 考核目的

对企业员工考核的目的在于评价和开发。评价的目的是正确评估员工的行为和绩效，以便适时给予奖惩，如提薪、发奖金、晋升、降薪、降职等；开发的目的在于提高员工的素质，如更新员工知识结构与技能、激发创造力等，最终提高员工的绩效，从而有效提升公司的整体绩效。

1.4 考核原则

（1）以提高员工绩效为导向。

（2）定性与定量考核相结合。

（3）多角度考核。

（4）公平、公正、公开。

1.5 考核用途

考核结果的用途主要体现在以下几个方面：

（1）薪酬分配。

（2）职务升降。

（3）岗位调动。

（4）解除劳动关系。

（5）员工培训。

2. 考核组织和管理

2.1 考核周期

考核分为试用期、季度考核、年度考核。其中试用期考核为入职满3月后10日内完成,适用于试用期和实习期员工;季度考核于各季度结束后10日内完成，适用于基层员工及中层管理；年度考核于次年1月20日前完成，适用于公司全体员工。

2.2 考核职责划分

2.2.1 考核管理委员会职责。

由总经理、副总经理、人力资源部经理、财务部经理组成公司考核管理委员会领导考核工作，承担以下职责：

（1）最终考核结果的审批。

（2）考核等级的综合评定。

（3）员工考核申诉的最终处理。

2.2.2 人力资源部职责。

人力资源部作为考核工作具体组织者和指导者，主要负责：

（1）制定考核原则、方针和政策。

（2）拟定考核制度和考核工作计划。

（3）组织协调各部门的考核工作。

（4）对各部门进行各项考核工作的培训与指导。

（5）对各部门考核过程进行监督与检查。

（6）汇总统计考核评分结果。

（7）协调、处理各级人员关于考核申诉的具体工作。

（8）对各部门试用期、季度、年度考核工作情况进行通报。

（9）对考核过程中的不规范行为进行纠正、指导与处罚。

（10）为每位员工建立考核档案，作为奖金发放、工资调整、职务升降、岗位调动等的依据。

2.2.3 各部门经理 / 总监的职责。

在考核工作中起主要作用的是各部门经理 / 总监，主要负责：

（1）负责本部门考核工作的整体组织及监督管理。

（2）负责处理本部门关于考核工作的申诉。

（3）负责对本部门考核工作中的不规范行为进行纠正和处罚。

（4）负责帮助本部门员工制订季度工作计划和考核标准。

（5）负责所属员工的考核评分。

（6）负责本部门员工考核等级的综合评定。

（7）负责所属员工的绩效面谈，并帮助员工制订改进计划。

3. 考核程序

3.1 绩效考核的一般过程分为：确定考核内容、制定绩效考核标准、实施考核、考核结果的分析和评定、结果反馈与实施纠正、结果运用。

3.2 考核关系

考核关系分为直接上级考核、直接下级考核、周边同级人员考核。不同考核对象对应不同的考核关系。

3.3 考核维度

符合公司目标的管理和业务活动行为的结果是绩效考核的主要内容，即考核员工对公司的贡献（或者对公司成员的价值进行评价）。考核维度必须根据考核内容而设计，考核维度即对考核对象考核时所偏重的不同角度、不同方面。公司对员工的考核维度包括绩效维度、能力维度、态度维度。

每一个考核维度都由相应的测评指标组成，对不同的考核对象采用不同的考核维度、不同的测评指标。

3.3.1 绩效，指被考核人员通过努力所取得的工作成果，从以下三个方面考核：

（1）任务绩效：体现本职工作任务完成的结果。每个岗位都有对应岗位职责的任务绩效指标。

（2）周边绩效：体现对相关部门（或相关人员）服务的结果以及团队协作精神的发挥。

（3）管理绩效：体现管理人员对部门工作管理的结果。

3.3.2 能力，指被考核员工完成各项专业性活动所具备的特殊能力和岗位所需要的素质能力。能力维度考核分为素质能力、专业知识和技术能力。其中素质能力主要包括以下几类：

（1）人际交往能力；

（2）影响力；

（3）领导能力；

（4）沟通能力；

（5）判断和决策能力；

（6）计划和执行能力。

3.3.3 态度，指被考核人员对待工作的态度和工作作风。态度考核分为积极性、协作性、责任心、纪律性等。

3.4 绩效考核指标体系

3.4.1 考核内容确定之后，就必须针对考核内容设计出反映其本质特征的指标体系。有效绩效考核指标体系的特征为：

（1）绩效考核指标应遵循关键特征原则、挑战性原则、一致性原则。关键特征：目标项不宜过多，应选择对公司利润/价值影响较大的目标，以3—5条为好，可视具体情况增减；挑战性：目标值不宜过高或过低，应力求接近实际以使目标可以达到，并具有一定的挑战性；一致性：各层次目标应保持一致，下一级目标要以分解完成上一级目标为基准。

（2）考核指标是具体的且可以衡量和测度的。

（3）考核指标是考核者与被考核者共同商量、沟通的结果。

（4）考核工作是基于工作而非工作者。

（5）考核指标不是一成不变的，它根据公司内外的情况而变动。

（6）考核指标是大家所熟悉的，必须让绝大多数人理解。

3.5 关键绩效指标（KPI）设立的要求

在确定关键绩效指标时要注意SMART法则。

（1）S代表Specific，即指标必须是具体的、可理解的，管理者可告诉员工具体要做什么或完成什么。

（2）M 代表 Measurable，即指标是可度量的，员工知道如何衡量他的工作成果。

（3）A 代表 Attainable，即指标是可达到的和可实现的。

（4）R 代表 Relevant，即指标是目标必须和其他目标具有相关性。

（5）T 代表 Time-based，即指标是"有时限的"，员工知道应该在什么时间完成。

3.6 工作绩效目标的设立

3.6.1 期初各级人员根据上级下达的总体指标，结合其岗位职责规定的工作任务，经上下级之间共同协商，制订当期工作计划和考核指标，报上一级主管领导审批后实施。

3.6.2 工作计划和考核指标的更改需经被考核人员及其直接上级商定，并报上一级主管领导批准后，方可生效。

3.7 考核指标的权重

权重表示单个考核指标在指标体系中的相对重要程度，以及该指标由不同的考核人评价时的相对重要程度。实施考核即对员工的工作绩效进行考核、测定和记录。各管理者对被考核员工进行考核评分；人力资源部统计汇总所有人的评分，然后将统计结果反馈给相关部门经理/总监；部门经理/总监根据得分确定被考核员工的综合评定等级，上报人力资源部；人力资源部将所有综合评定结果报考核管理委员会审批后反馈到部门，由部门经理/总监将最终考核结果反馈给被考核员工。

3.8 考核结果的分析和评定

考核评分表中的所有考核指标均按照 A、B、C、D 四个等级评分，具体定义和对应关系如下表：

评分等级定义表

等级	A	B	C	D
定义	超出目标	达到目标	接近目标	远低于目标
得分	100～90	89～80	79～60	59以下

3.9 综合评定等级

3.9.1 通过加权计算个人考核统计表中的考核指标得分与考核维度得分，得到被考核人的个人综合得分。根据个人评分情况与比例限制综合评定个人等级。综合评定结果共分为四级，分别是 A 优秀、B 合格、C 基本合格、D 不合格，具体定义见下页表：

综合评定个人等级定义表

等级	优秀	合格	基本合格	不合格
定义	实际表现显著超出预期计划/目标或岗位职责/分工要求，在计划/目标或岗位职责/分工要求所涉及的各个方面都取得特别出色的成绩	实际表现达到或部分超过预期计划/目标或岗位职责/分工要求，在计划/目标或岗位职责/分工要求所涉及的主要方面都取得比较出色的成绩	实际表现基本达到预期计划/目标或岗位职责/分工要求，在主要方面有明显不足或失误	实际表现未达到预期计划/目标或岗位职责/分工要求，在很多方面失误或主要方面有重大失误

3.9.2 比例限制：在综合评定等级时，对于不同类型人员有等级比例限制。

对于"优秀"等级比例限制在15%以下，"优秀"等级的综合评定是根据得分从高到低排序后根据比例限制确定。如果得分比例限制超过15%，则全体得分相应缩减，达到15%为准，最后得分依照比例限制落定。

综合评定个人等级与得分系数对应表

综合评定个人等级	优秀	合格	基本合格			不合格
综合评定个人得分	100～90	89～80	79～75	74～65	64～60	60以下
个人得分系数	1.2	1	0.85	0.8	0.75	0.3
比例限制	≤15%					

3.9.3 得分系数计入员工绩效工资系数，影响员工的当前系数下的每月绩效工资，作为薪酬总额的一部分。

3.10 结果反馈与实施纠正

考核的结论应与被考评员工面谈，使其了解公司对他们的看法与评价，从而发扬优点，克服缺点，同时要针对考绩中的问题，采取纠正措施，促进绩效改进。

3.11 人力资源部将根据个人得分系数与部门得分系数计算员工的月度绩效工资、年底奖金。

3.12 试用期考核不作为主要考核方向，以述职流程进行面谈考核，参与对象为人力资源部门、部门经理、直管副总。

4. 季度考核

4.1 季度考核范围

中层管理人员和一般员工都需要参加季度考核。

4.2 季度考核维度与权重

4.2.1 针对不同的考核对象，考核维度与权重不同。

4.2.2 中层管理人员考核维度（详见下表），包括任务绩效、管理绩效、周边绩效；不考核态度维度，态度维度在中层都不予考核；不考核能力维度，能力是一项长期指标，在年度考核中使用。

中层管理人员考核维度、权重表

考核维度		考核人	季度考核权重
绩效	任务绩效	直接上级	50%
	管理绩效	直接上级、下级	20%
	周边绩效	相关部门经理／总监	30%

4.2.3 一般人员考核维度（详见下表），主要是任务绩效，同时考虑态度维度；不考核能力维度，能力是一项长期指标，在年度考核中使用。

一般人员考核维度、权重表

考核维度	考核人	季度考核权重
任务绩效	直接上级（即部门正职）	70%
态度	上级（即部门正职）、同部门其他人员	30%

4.3 季度考核时间（如遇节假日顺延）

（1）第一季度考核：4月1日—10日；

（2）第二季度考核：7月1日—10日；

（3）第三季度考核：9月1日—10日；

（4）第四季度考核：1月8日—20日（其中包括年度考核）。

4.4 季度考核流程

季度考核流程包括以下几个步骤：

4.4.1 启动考核。人力资源部在季度初启动考核工作，上季度的考核评定和下季度工作计划确定一起启动。

4.4.2 制订员工季度工作计划，选择考核指标和权重。

（1）在季度初××日以内，员工直接上级根据职务说明书和实际工作要求，就季度主要工作任务、考核标准、指标权重等项内容与被考核员工面谈，共同讨论，中层管理人员填写"中层管理人员绩效考核直接上级评分表（季度）"，一般员工填写"一般人员绩效、态度考核直接上级评分表"中的任务绩效部分。从岗位可选考核指标中选择3—5个指标，确定要求达到的程度，并在任务绩效指标的总体权重范围内确定各个指标的权重。确定后双方各持一份，作为本季度的工作指导和考核依据。

（2）每个月末考核双方就本季度计划进行一次回顾与沟通。计划执行过程中，若出现重大计划调整，须重新填写相应的"中层管理人员绩效考核直接上级评分表（季度）"和"一般人员绩效、态度考核直接上级评分表"。员工直接上级须及时掌握计划执行情况，明确指出工作中的问题，提出改进建议。

4.4.3 员工自评。

季度结束后，下季度开始××日内（节假日顺延），被考核员工从工作业绩、工作态度方面进行自我评价，填写"中层管理人员绩效考核直接上级评分表（季度）"和"一般人员绩效、态度考核直接上级评分表"中的完成情况部分，并与下一季度的"中层管理人员绩效考核直接上级评分表（季度）"和"一般人员绩效、态度考核直接上级评分表"一起交直接上级。

4.4.4 评价。

（1）直接上级就工作绩效与被考核人面谈，共同确定上季度任务目标完成情况（同时讨论商定下一季度目标、计划）。

（2）直接上级对被考核员工的工作业绩、工作态度独立提出评价意见，在"中层管理人员绩效考核直接上级评分表（季度）"和"一般人员绩效、态度考核直接上级评分表"中填写考核评分部分。

（3）有同级和下级考核的人员，人力资源部组织相应同级和下级考核员工提出评价意见，完成评分表。

（4）人力资源部统计汇总考核得分。一般人员得分反馈给各部门经理/总监，部门经理/总监根据下属得分和部门比例限制确定被考核员工的综合评定等级，报人力资源部。中层管理人员得分上报考核管理委员会讨论确定综合评定等级。

4.4.5 审批。

人力资源部汇总所有考核结果后报考核管理委员会审批。

4.5 季度考核结果的用途

季度考核结果直接影响下一季度的绩效工资，间接影响年度考核结果。作为职等职级评审依据，也可对特别贡献或者表现优异人员提前晋升或者淘汰作为参考。

5. 年度考核

5.1 年度考核范围

年度考核分为个人考核和部门考核两种情况。

5.1.1 个人年度考核：公司除总经理之外的所有人员均需参加年度考核，主要是对员工本年度的工作业绩、工作能力和工作态度进行全面综合考核。年度考核要对员工的能力、长期表现进行评价，在季度考核维度上增加能力维度。年度考核作为晋升、淘汰、评聘以及计算年终奖金、培训的依据。

5.1.2 对新入职员工、调动新岗位的员工、在公司全年工作时间不足××个月或有其他特殊原因的员工，经考核管理委员会批准可以不参加年度考核，考核结果视为合格。

5.1.3 部门年度考核：反映部门整体对于公司的贡献。

5.2 个人年度考核维度与权重

5.2.1 针对不同的考核对象，考核维度与权重不同。

5.2.2 高层管理人员年度考核维度（见下表）：绩效维度包括任务绩效、管理绩效、周边绩效；能力维度包括素质能力、专业知识和技能。

高层管理人员年度考核维度、权重表

考核维度		考核人	年度考核权重
绩效	任务绩效	直接上级	35%
	管理绩效	直接上级、直接下级	14%
	周边绩效	同级	21%
能力	素质能力	直接上级	20%
	专业知识和技能	直接上级	10%

5.2.3 中层管理人员年度考核维度（见下表）：四个季度绩效评分加权平均；能力维度包括能力素质、专业知识和技能。

中层管理人员、一般人员年度考核维度、权重表

考核维度		考核人	年度考核权重
季度考核结果		第一、二、三、四季度加权平均（A1+A2+A3+A4）×25%×70%	
能力	素质能力	直接上级	20%
	专业知识和技能	直接上级	10%

5.3 个人年度考核流程

个人年度考核流程分为以下几个步骤：

5.3.1 个人年度考核和第四季度考核一起进行。年度考核增加了能力考核指标。年度考核的具体得分为：

（1）高层管理人员年度考核得分=（任务绩效考核得分×35%+管理绩效考核得分×14%+周边绩效考核得分×21%）+（素质能力考核得分×20%+专业知识和技能考核得分×30%）

（2）高层管理人员以外的个人年度考核得分 = 个人4个季度考核得分的平均值×70% + （素质能力考核得分×20% + 专业知识和技能考核得分×10%）。

5.3.2 参加年度考核的所有员工，由其直接上级在每年度××月××日前对"高中层管理人员能力考核评分表（年度）"和"一般人员能力考核评分表（年度）"中有关项目评价评分。

5.3.3 年度考核评定于下一年度××月××日前完成，并汇总到人力资源部。

5.3.4 人力资源部在××日前把考核结果报考核管理委员会批准。

5.3.5 年度考核工作应在每年度的××月××日前结束。

5.4 个人年度考核结果的用途

个人年度考核结果主要作为职务升降、工资等级升降、年终奖金发放等工作的依据。依据考核结果的不同，公司对每个员工给予不同的处理，一般有以下几类：

5.4.1 职务升降。年度考核为优的员工，优先列为职务晋升对象；年度考核不合格的员工给予行政降级处理。

5.4.2 工资升降。连续两年内考核结果累计一"优"一"良"或以上者，以及连续3年考核结果为"良"者，工资等级在本职系本岗位通道内晋升一级；当年考核结果为"不合格"或连续2年考核结果为"基本合格"的员工工资等级下调一级；对于连续3年考核结果为"不合格"的员工或连续3年考核结果为"基本合格"的员工进行待岗处理。

5.4.3 年度奖金分配。在年度奖金分配时，不同的考核结果对应不同的考核系数。

5.5 部门考核

5.5.1 部门考核方式：部门考核不单独设立指标进行，每个部门的经理/总监四个季度的任务绩效和周边绩效的平均得分作为部门的年度考核得分，根据部门的考核得分排序，然后由考核管理委员会按照与中层管理人员评定时类似的比例限制确定各个部门的综合评定等级。详见"部门年度考核统计表"。

5.5.2 部门考核结果的用途：部门考核结果直接决定公司部门年终奖金分配方案。

6. 申诉及其处理

6.1 申诉受理机构

被考核员工如对考核结果不清楚或者持有异议，可以采取书面形式向人力资源部申诉。考核管理委员会是员工考核申诉的最终处理机构。人力资源部是考核管理委员会的日常办事机构，一般申诉由人力资源部负责协调、处理。

6.2 提交申诉

被考核员工以书面形式向人力资源部提交申诉书。申诉书内容包括：申诉人姓名、部门、申诉事项、申诉理由。

6.3 申诉受理

6.3.1 人力资源部接到被考核员工申诉后，应在 3 个工作日作出是否受理的答复。对于申诉事项无客观事实依据、仅凭主观臆断的申诉不予受理。

6.3.2 受理申诉后，首先由人力资源部对被考核员工申诉内容进行调查，然后与被考核员工所在部门经理／主任进行协调、沟通。不能协调的，人力资源部上报考核管理委员会处理。

6.3.3 申诉处理答复：人力资源部应在 15 个工作日内明确答复被考核员工；人力资源部不能解决的申诉，应及时上报考核管理委员会处理，并将进展情况告知申诉人。考核管理委员会在接到申诉后，一周内必须就申诉的内容组织审查，并将处理结果通知申诉人。

拟定		审核		审批	

二、员工激励管理制度

标准文件		员工激励管理制度	文件编号	
版次	A/0		页次	

1. 目的

为充分调动公司全体员工的工作积极性、创造性，发挥员工智慧和才能，塑造高效率、高绩效、高目标达成率的优秀团队，特制定本制度。

2. 适用范围

适用于公司对员工激励进行管理的相关事宜。

3. 激励原则

3.1 全面激励原则

对员工的激励并不只是针对部分优秀员工，而是针对所有员工运用各种激励方式进行激励，以发挥激励对全体员工的鼓励和促进作用。

3.2 激励方式差异化原则

不同的员工和同一员工在不同的时间和环境下，会有不同的需求，因此对员工的激励要因人因时因事而异，要做到激励手段的多样化和差异化，以求激励效果的最大化。

3.3 绩效考评为基础原则

公司对员工所采取的相应激励措施，应依据对员工的全方位的、科学的绩效考评，而不是依据管理者个人的主观好恶。

3.4 奖励和处罚相结合原则

3.4.1 对绩效表现优秀和无论以何种形式对公司的发展作出贡献的员工，都要进行奖励。

3.4.2 对绩效表现差的员工和无论以何种形式损害公司利益的员工，都要进行处罚。

3.4.3 对工作表现不佳的员工和工作能力始终不能适应岗位要求的员工，以及严重违反公司规章制度或致公司遭受重大利益损失的员工，要通过员工淘汰机制进行淘汰。

3.5 公开、公平、公正原则

奖励和处罚的考核标准要公开，考核过程和评选过程管理者要做到公开、公平、公正，这样才能确保对员工的奖励和处罚的正面效应充分发挥，不致因不公开、不公平、不公正的奖励、处罚行为产生负面影响。

3.6 物质激励、精神激励、机会激励相结合原则

公司对员工的奖励不能只适用物质奖励，要将适度的物质奖励与精神激励和机会激励等有机结合起来，充分发挥各种激励手段的协同作用。

4. 激励方式

公司主要采用以下激励方式，并将随着公司发展需要采用更多的激励方式。

4.1 薪酬激励

公司通过制定和实施具有外部竞争力和内部公平性的市场领先薪酬制度，通过对员工薪资需求的合理满足，以保证对员工的基础激励作用。

4.2 职业规划

通过全方位绩效考评，公司对工作表现好、工作绩效好、具有发展潜力的员工，将进行有针对性的个人职业生涯发展规划，为员工的能力提高和晋升提供相应的发展通道。

4.3 培训激励

4.3.1 公司应对优秀管理人员和优秀员工提供各种内部培训和外派培训的机会，通过培训不断提升员工的工作能力，促进员工个人发展和公司发展相结合。

4.3.2 对绩效表现不佳者，公司提供岗位适应性再培训。通过培训改善员工的工作态度和提高员工的工作能力，以使绩效表现差的员工也能适应岗位要求。

4.4 职位晋升

通过全方位绩效考评，对绩效突出、素质好、有创新能力的优秀管理人员，通过岗位轮换、个性化培训等方式，从素质和能力上进行全面培养。随着公司发展，需要补充和调整人员时，优先予以提拔重用。

5. 优秀奖

5.1 定义

优秀奖是指公司通过公开评选对工作表现好、工作能力佳、工作绩效完成好的员工予以公开奖励,以达到奖励先进、鼓励后进的目的。

5.2 优秀奖类别

优秀奖分为"优秀经理""优秀管理人员""优秀员工"三类。

5.3 评选范围

5.3.1 "优秀经理"的评选范围为公司副总经理级以上管理人员。

5.3.2 "优秀管理人员"评选范围为各部门"主任主管级和经理级人员以及相当于主任主管级或经理级的其他人员"。

5.3.3 "优秀员工"评选范围为各公司主任主管级以下员工。

5.3.4 年度优秀奖的参选人员为所评选年度 4 月 1 日前入职且在公司连续工作满 9 个月的人员;季度优秀奖参选人员为所评选季度在公司连续工作满 75 日的员工。

5.3.5 季度优秀奖参选人员须在评选季度内未受过任何违规违纪处分(如警告、罚款、降职、被有效投诉等),同时在评选季度月度绩效考核时未被评为"C""F"。

5.3.6 年度优秀奖参选人员须在评选年度内未受过任何违规违纪处分(如警告、罚款、降职、被有效投诉等),同时在评选年度月度绩效考核时未被评为"F"或累积两次以上(含两次)"C"。

5.4 评选比例

5.4.1 "优秀经理"和"优秀管理人员"获奖人员比例不得超过参选人员比例的 ××%。

5.4.2 "优秀员工"获奖人员比例不得超过参选人员比例的 ××%。

5.5 评选频率

5.5.1 "优秀经理"为年度评选。

5.5.2 "优秀管理人员"和"优秀员工"分为年度评选和季度评选。

5.6 "优秀经理"评优标准和评选程序

5.6.1 评优标准:

(1)具备良好职业道德。

(2)有强烈的公司荣誉感。

(3)积极落实公司董事会的有关决定。

(4)在公司规范管理和团队建设方面成效显著。

(5)超额或很好地完成公司下达的年度经营计划、经营目标或部门工作目标。

（6）能组织相关人员，高标准、高效率地完成公司各领导和相关部门下达的工作任务。

5.6.2 评选程序：

（1）"优秀经理"评选由公司人力资源部和总经办负责组织。

（2）人力资源部和总经办根据"优秀经理"评优标准拟定"优秀经理"候选人名单。

（3）公司各部门总经理（含副总经理）、公司总裁／总经理组成"优秀经理"评审委员会，对进入"优秀经理"候选人名单的候选人逐一进行投票表决。

（4）在对每一位候选人进行表决时候选人应离席回避投票表决过程。表决采用无记名投票形式，每一评审委员会成员只需写明是同意还是不同意被表决候选人入选"优秀经理"。

（5）表决过程结束后，由人力资源部和总经办组织验票，根据得票数从高到低初步拟定"优秀经理"名单，并报总裁层审核批准。

（6）如遇多人票数相同现象，由总裁层综合考虑各方面情况确定入选"优秀经理"名单。

（7）"优秀经理"评选原则上在次年 1 月 25 日前完成，如遇特殊情况完成时间另行通知。

（8）"优秀经理""年度优秀管理人员"和"年度优秀员工"的颁奖活动原则上与春节联欢晚会同步进行，如遇特殊情况另行通知。

5.7 "优秀管理人员"评优标准和评选程序

5.7.1 评优标准：

（1）具备良好职业道德。

（2）有强烈的公司荣誉感。

（3）诚实守信，责任心强，能严格要求自己。

（4）CS 评价良好，没有发生过客户或同事的有效投诉。

（5）能自主开展职责范围内的管理工作，管理规范，效果显著。

（6）善于发现问题，能提出合理化建议，为公司事业发展献计献策。

5.7.2 评选程序：

（1）"季度优秀管理人员"评选由公司各部门按部门管理人员人数的×××%比例提出候选人名单，报公司人力资源部。

（2）公司人力资源部对部门提报名单进行审核，初步审核符合条件的方可列入正式候选人名单。

（3）公司人力资源部组织公司全体员工，对列入正式候选人名单的管理人员进行投票表决，按得票票数从高到低初步拟定"季度优秀管理人员"名单。

（4）公司"季度优秀管理人员"名单拟定后，报公司总裁层审批确定。

（5）"季度优秀管理人员"评选在每一季度结束后，下一季度第一个月前15日内，完成评选和颁奖活动。

（6）"年度优秀管理人员"评选程序同前（1）到（5）"季度优秀管理人员"评选程序。但公司"年度优秀管理人员"名单需报公司总裁层审批确定。

5.8 "优秀员工"评优标准和评选程序

5.8.1 评优标准：

（1）热爱公司。

（2）认同公司价值观。

（3）适应公司企业文化。

（4）遵守公司《职员手册》。

（5）团结同事，有良好的团队协作精神。

（6）工作有主动性、创造性，开拓创新精神强。

（7）热爱并专注于自己的工作，超额完成各项工作任务，能为客户提供最完善的服务。

5.8.2 评优程序：

（1）"季度优秀员工"由公司各部门负责人以部门为单位组织具体评选活动。

（2）部门经理和员工直接主管组成部门评选小组，按部门内部人数×××%的比例拟定候选人名单。

（3）各部门评选小组组织部门全体员工，对列入候选名单的员工进行投票表决，按得票票数从高到低初步确定"季度优秀员工"名单。

（4）公司人力资源部按"优秀员工"标准，对各部门提报的"季度优秀员工"进行审核。

（5）"季度优秀员工"的评选在每一季度结束后，下一季度第一个月前15日内，完成评选和颁奖活动。

（6）公司"季度优秀员工"名单需抄报公司人力资源部备案。

（7）"年度优秀员工"评选程序同前（1）到（6）项"季度优秀员工"评选程序，但公司"年度优秀员工"需报公司总裁层审批确定。

5.9 奖项设置和奖金标准

5.9.1 对"优秀经理""优秀管理人员"和"优秀员工"的奖励以荣誉奖励为主，物质奖励为辅。

5.9.2 对"优秀经理""优秀管理人员"和"优秀员工"的奖项设置为荣誉证书、优秀奖徽章、现金奖励。

5.9.3 对"年度优秀经理""年度优秀管理人员"和"年度优秀员工"的现金

奖励标准由公司根据每年经营计划和经营目标的完成情况确定。

5.9.4 对"季度优秀管理人员"和"季度优秀员工"的现金奖励标准由公司根据实际情况确定并按流程报批后执行。

6. 合理化建议

6.1 定义

合理化建议是指员工针对公司管理的各项工作存在的问题或不足，及时提出的书面的、科学的、合理的改进解决方案。

6.2 合理化建议受理范围

6.2.1 管理制度、管理方法的改善。

6.2.2 工作方法、工作程序的改善。

6.2.3 新产品经营项目的开发建议。

6.2.4 业务往来、业务开发的建议。

6.2.5 员工福利、待遇改善的合理化建议。

6.2.6 市场开拓、营销策划的合理化建议。

6.2.7 提高公司凝聚力和工作绩效的合理化建议等。

6.2.8 职务范围内，重大突破性的合理化建议。

6.2.9 非职务范围内，有利于公司发展的各项合理化建议。

6.2.10 其他各项有利于公司发展、公司形象的合理化建议。

6.3 提出合理化建议

员工本人详细写明合理化建议的可行性、合理化建议的实施方案和工作流程等。

6.4 合理化建议备案

各部门应及时将本部门提出的合理化建议及方案，报送公司人力资源部备案。

6.5 实施合理化建议

对有实施效益的合理化建议，公司人力资源部，需会同提出合理化建议的员工所在部门的经理进行成果评估，并以此作为奖励的基础。

6.6 对员工提出的合理化建议方案，一经公司采纳，由总经理批准即可给予一定的奖励。

7. 员工淘汰

7.1 定义

员工淘汰是指对不符合公司岗位任职资格要求的员工，按劳动法的相关规定予以辞退或开除。员工淘汰分为常规淘汰和末位淘汰。

7.1.1 常规淘汰。

常规淘汰是指公司按劳动法或企业内部规章制度的相关规定，对在日常工作中严重违反公司相关规章制度或因故意或重大过失行为，而给公司造成重大利益损失的员工，予以辞退或开除的行为。

7.1.2 末位淘汰。

末位淘汰是指公司为满足竞争的需要，通过科学的考评手段，对员工进行合理排序，并在一定的范围内实行奖优罚劣，对排名靠后且不能胜任工作的员工，以一定的比例予以调岗、降职、降薪或下岗、辞退的行为。

7.2 末位淘汰分类

末位淘汰分为月度考核淘汰、年中排名淘汰和年终排名淘汰。

7.2.1 月度考核淘汰是指根据月度考核结果对员工实行的淘汰。

7.2.2 年中排名淘汰是指根据员工在 1 月到 6 月半年内的月度考核得分累计排序，对排名靠后一定比例的员工实行淘汰。

7.2.3 年终排名淘汰是指根据员工在一年内的月度考核得分累计排序，对排名靠后一定比例的员工实行淘汰。

7.3 末位淘汰范围

7.3.1 对于月度考核淘汰，连续三次得"C"或累计四次得"C"的员，连续两次得"F"或累计三次得"F"的员工，将进入拟淘汰名单。

7.3.2 对于年中和年终排名淘汰，得分排名在后面 ××% 比例的员工将进入拟淘汰名单。

7.4 末位淘汰机制

7.4.1 进入拟淘汰名单的员工只是拟淘汰对象，并不必然被淘汰；公司人力资源部和拟淘汰员工所在部门要联合对进入拟淘汰名单的员工进行二次考评，确定员工绩效表现差的主要原因，以区别对待。

7.4.2 对进入拟淘汰名单，但工作表现好，而工作绩效差的员工，可以根据对员工工作能力和发展潜力的重新考评，对员工进行岗位适应性再培训以使员工适应岗位要求，或在公司内部为员工调整新的岗位，给员工重新就业的机会。

7.4.3 对进入拟淘汰名单，工作表现和工作绩效都差且不能胜任工作的员工，可以按劳动法和公司相关规定作出处理。

8. 附则

8.1 公司所采用的激励方式并不限于以上几种方式，公司鼓励管理人员在日常工作中灵活采用其他多种激励方式去激励员工。

8.2 本文内容大多属于对公司员工激励制度的原则性规定。

| 拟定 | | 审核 | | 审批 | |

第三节　绩效考核与激励管理表格

一、绩效计划表

绩效计划表

序号	项目名称	项目界定	计算公式	绩效指标			权重	评分规则	数据来源	考核周期
				最高	考核	最低				

二、高层管理人员绩效考核直接上级评分表（年度）

高层管理人员绩效考核直接上级评分表（年度）

考核期间：_____年___月至_____年___月

被考核人姓名			部门		岗位		评价			
		序号	指标	权重	完成情况		A	B	C	D
绩效	任务绩效 35%	1								
		2								
		3								
		4								
		5								
	管理绩效 7%	1	沟通效果	1.75%						
		2	工作分配	1.75%						
		3	下属发展	1.75%						
		4	管理力度	1.75%						
考核人	签字： 日期：										
备注：高层管理人员只进行年度考核										

三、高层管理人员周边绩效同级考核评分表（年度）

高层管理人员周边绩效同级考核评分表（年度）

考核期间：_____年____月至_____年____月

被考核人姓名			部门				岗位			
周边绩效 21%	序号		高层一： A B C D	高层二： A B C D	高层三： A B C D	高层四： A B C D	…… A B C D
	1	主动性 4.2%					
	2	响应时间 4.2%					
	3	解决问题时间 4.2%					
	4	信息反馈及时 4.2%					
	5	服务质量 4.2%					
考核人	签字： 日期：						

四、高层管理人员管理绩效直接下级考核评分表（年度）

高层管理人员管理绩效直接下级考核评分表（年度）

考核期间：_____年____月至_____年____月

被考核人姓名			部门		岗位			
	序号	指标	权重	评价				
				A	B	C	D	
管理绩效 7%	1	沟通效果	1.75%					
	2	工作分配	1.75%					
	3	下属发展	1.75%					
	4	管理力度	1.75%					
考核人	签字： 日期：							

五、高中层管理人员能力考核评分表（年度）

高中层管理人员能力考核评分表（年度）

考核期间：_____年___月至_____年___月

被考核人姓名			部门		岗位		评价			
		指标			要素		A	B	C	D
能力 30%	能力素质 20%	人际交往能力 3%			建立关系					
					团队合作					
					解决矛盾					
					敏感性					
		影响力 3%			团队发展					
					说服力					
					应变能力					
					影响能力					
		领导能力 5%			评估					
					反馈和训练					
					授权					
					激励					
					建立期望					
					责任管理					
		沟通能力 3%			口头沟通					
					倾听					
					书面沟通					
		判断和决策能力 3%			战略思考					
					创新能力					
					解决问题能力					
					推断评估能力					
					决策能力					
		计划和执行能力 3%			准确性					
					效率					
					计划和组织					
	专业知识技能 10%									
考核人	签字： 日期：									
备注：此表由被考核人的直接上级填写。										

六、中层管理人员绩效考核直接上级评分表（季度）

中层管理人员绩效考核直接上级评分表（季度）

考核期间：_____年____月至_____年____月

<table>
<tr><td colspan="2">被考核人姓名</td><td colspan="2"></td><td>部门</td><td></td><td>岗位</td><td></td><td colspan="4">评价</td></tr>
<tr><td rowspan="10">绩效</td><td colspan="2"></td><td>序号</td><td>指标</td><td>权重</td><td>完成情况</td><td>A</td><td>B</td><td>C</td><td>D</td></tr>
<tr><td colspan="2" rowspan="5">任务绩效
50%</td><td>1</td><td></td><td></td><td></td><td></td><td></td><td></td><td></td></tr>
<tr><td>2</td><td></td><td></td><td></td><td></td><td></td><td></td><td></td></tr>
<tr><td>3</td><td></td><td></td><td></td><td></td><td></td><td></td><td></td></tr>
<tr><td>4</td><td></td><td></td><td></td><td></td><td></td><td></td><td></td></tr>
<tr><td>5</td><td></td><td></td><td></td><td></td><td></td><td></td><td></td></tr>
<tr><td colspan="2" rowspan="4">管理绩效
10%</td><td>1</td><td>沟通效果</td><td>2.5%</td><td></td><td></td><td></td><td></td><td></td></tr>
<tr><td>2</td><td>工作分配</td><td>2.5%</td><td></td><td></td><td></td><td></td><td></td></tr>
<tr><td>3</td><td>下属发展</td><td>2.5%</td><td></td><td></td><td></td><td></td><td></td></tr>
<tr><td>4</td><td>管理力度</td><td>2.5%</td><td></td><td></td><td></td><td></td><td></td></tr>
<tr><td>考核人</td><td colspan="10">签字：
日期：</td></tr>
</table>

七、中层管理人员管理绩效直接下级考核评分表（季度）

中层管理人员管理绩效直接下级考核评分表（季度）

考核期间：_____年____月至_____年月____

<table>
<tr><td colspan="2">被考核人姓名</td><td></td><td>部门</td><td></td><td colspan="2">岗位</td><td colspan="2"></td></tr>
<tr><td rowspan="6">管理绩效
10%</td><td rowspan="2">序号</td><td rowspan="2">指标</td><td rowspan="2">权重</td><td colspan="4">评价</td></tr>
<tr><td>A</td><td>B</td><td>C</td><td>D</td></tr>
<tr><td>1</td><td>沟通效果</td><td>2.5%</td><td></td><td></td><td></td><td></td></tr>
<tr><td>2</td><td>工作分配</td><td>2.5%</td><td></td><td></td><td></td><td></td></tr>
<tr><td>3</td><td>下属发展</td><td>2.5%</td><td></td><td></td><td></td><td></td></tr>
<tr><td>4</td><td>管理力度</td><td>2.5%</td><td></td><td></td><td></td><td></td></tr>
<tr><td>考核人</td><td colspan="8">签字：
日期：</td></tr>
</table>

八、中层管理人员周边绩效同级考核评分表（季度）

中层管理人员周边绩效同级考核评分表（季度）

考核期间：_____年____月至_____年____月

被考核人姓名			部门				岗位						
周边绩效 30%	序号	指标/权重	部门一：				部门二：				……			
			A	B	C	D	A	B	C	D	A	B	C	D
	1	主动性 6%												
	2	响应时间 6%												
	3	解决问题时间 6%												
	4	信息反馈及时 6%												
	5	服务质量 6%												
考核人	签字： 日期：													
备注：部门一、部门二等要标示出各中层岗位名称														

九、基层人员绩效、态度考核直接上级评分表（季度）

基层人员绩效、态度考核直接上级评分表（季度）

考核期间：_____年____月_____至年____月

被考核人姓名			部门		岗位		评价			
绩效	任务绩效 70%	序号	指标	权重	完成情况		A	B	C	D
		1								
		2								
		3								
		4								
		5								
	态度 15%	1	积极性	3.75%						
		2	协作性	3.75%						
		3	责任心	3.75%						
		4	纪律性	3.75%						
考核人	签字： 日期：									

十、基层人员态度考核同级评分表（季度）

基层人员态度考核同级评分表（季度）

考核期间：_____年____月至_____年____月

被考核人姓名			部门					岗位										
态度 15%	序号	指标/权重	同级一：				同级二：				同级三：				同级四：				……
			A	B	C	D	A	B	C	D	A	B	C	D	A	B	C	D	
	1	积极性 3.75%																	
	2	协作性 3.75%																	
	3	责任心 3.75%																	
	4	纪律性 3.75%																	
考核人	签字： 日期：																		
备注：																			

十一、基层人员能力考核评分表（年度）

基层人员能力考核评分表（年度）

考核期间：_____年____月至_____年____月

被考核人名		部门		岗位		评价			
	指标/权重			要素		A	B	C	D
能力 30%	能力素质 20%	人际交往能力 4%		建立关系					
				团队合作					
				敏感性					
		影响力 4%		说服力					
				影响能力					
		沟通能力 4%		口头沟通					
				倾听					
				书面沟通					
		判断和决策能力 4%		创新能力					
				解决问题能力					
				推断评估能力					
		计划和执行能力 4%		准确性					
				效率					
				计划和组织					

续表

能力 30%	指标/权重	要素	A	B	C	D
	专业知识及技能 10%					
考核人	签字： 日期：					

备注：此表由被考核人的直接上级填写。

十二、员工绩效评述表

员工绩效评述表

员工姓名：_____ 工号：_____ 部门：_____ 岗位/职位：_____

绩效评述目的：
（1）保证你的工作在受考核时也将你的观点列入考虑。
（2）帮助你使你的绩效面谈更有效果。

1. 工作要项：就你的看法将你的工作要项逐一列出，主要包括关键岗位职责、主要工作目标等。下面几个问题可以帮你列出工作要项：上级对你要求的成果有哪些？你的主管强调的是什么？你花费较多时间和心力的工作有哪些？如果没有你的工作，会有哪些重要的事无法完成？假如你本身也负有督导他人的责任，请将下列各点纳入你的工作要项中：组织规划、资讯沟通、合作协调及部属发展。即使你并无督导他人，如果这些要点也适用你的工作，亦请一并列入。

2. 主要贡献：逐一分析你的工作要项，记下你所做的贡献。这可能包括：你所解决的一个重要问题，你成功地将一个新构想付诸实行，你在工作上的一项重大改进，完成一项工作目标，或是圆满达成一个困难的任务等。

3. 工作阻碍：分析工作要项，找出困难所在，即阻碍你不能发挥应有绩效的问题。同时记下你需要哪些支持协助来扫清这些障碍。

4. 行动计划：仔细思考前面的工作要项、贡献和障碍，你就能规划出下一个考核周期完整的行动目标。当你做规划时，请参考下面的方针：
（1）行动计划所包括的应是你能够做到的事，而且能增进你的工作成效，扫清工作障碍。
（2）行动计划应该具体，使你确能掌握其是否完成。
（3）行动计划应指出有无训练及教育的需要。

5. 事业目标：描述你近期或长期的事业目标

附注意见：如果你还有其他问题想在绩效面谈时讨论，请填入下面空白处

签字：　　　　　　　　　　　　　　　　　　　　日期：
说明：若应用本表，请在绩效面谈前与绩效考核表一起交给部门经理，经理须将面谈通知与本表的填写说明同时告知被考核员工，季度绩效考核是否填写或提交本表，由被考核员工决定；年度绩效考核必须填写并提交本表。

十三、客户评价／绩效记录表

客户评价／绩效记录表

部门：

序号	工号	姓名	日期	事件／行为	评价来源（客户类别）	绩效评价（±分值）

说明：

1. 本表主要为管理人员在工作中收集员工绩效信息所用。
2. 评价来源主要指绩效信息的客户来源，分三类：A. 内部客户；B. 外部客户；C. 直接上级。C类直接上级的评价主要指对下属员工工作过程绩效信息的评价记录。
3. 绩效评价采取分值表示法，评价对应分值为：很好 +2 分；好 +1 分；差 -1 分；很差 -2 分，可以打以 .5 结尾的分。

本表由管理管理人员每季度汇总一次，作为填写《员工工作绩效季度／年度考核表》的参考。

十四、绩效面谈记录表

绩效面谈记录表

谈话日期_____年_____月_____日
员工姓名：_____ 工号：_____ 部门：_____ 岗位／职位：_____
上级姓名：_____ 职位：_____

1. 确认工作目标和任务（讨论岗位职责与工作目标完成情况及效果，目标实现与否；双方阐述部门目标与个人目标，并使两者相一致；提出工作建议和意见）：

2. 工作评估（对工作进展情况与工作态度、工作方法作出评价，什么做得好，什么尚需改进；讨论工作现状及存在的问题）：

3. 改进措施（讨论工作优缺点；在此基础上提出改进措施、解决办法与个人发展建议）：

4. 补充：
上级签名：_____   被考核员工签名：_____

说明：

1. 部门经理在进行绩效沟通时，需填写此表，注意填写内容的真实性。
2. 被考核员工分别在"工作绩效考核表"和"面谈记录表"上签名，签名并不代表你同意考核表上的内容，仅表示本次考核上级确曾与你讨论过。
3. 该表与"员工绩效评估表""部门考核汇总表""部门考核分析表"共同交至人力资源部。
4. 沟通准备与谈话内容可参考《绩效面谈指南》的相关内容。

具体沟通内容可根据实际情况适当增删，不必完全拘泥于本表建议的内容与格式。

十五、员工绩效考核面谈记录表

员工绩效考核面谈记录表

部门：　　　　　　面谈双方：　　　　　　面谈时间：_____年____月____日____时至____时

1. 对员工在本评估期内所完成的工作作全面回顾及客观评价（含工作内容、进展与成效、不足与改进意见、工作成果评价、未完成的工作内容及原因分析等）。

2. 员工在下一个评估期的工作目标、工作计划／工作安排、工作内容或上级期望（本部分可由员工先考虑，面谈中再由双方进行修改确认）。

3. 为更好地完成本职工作和团队目标，员工在下一阶段需要努力和改善的绩效，直接主管的期望、建议、措施等。

4. 员工对部门（公司）工作的意见／建议、不满／抱怨、工作／生活／学习中的烦恼和困难、希望得到的帮助／支持／指导。

5. 以上面谈提纲中未涉及的其他面谈内容。

员工签字（我同意面谈内容）：　　　　　　直接主管签字（我同意面谈内容）：

十六、绩效评估沟通记录表

绩效评估沟通记录表

职员：　　　　　　　　　部门：　　　　　　职务：
沟通时间：　　　　　　　地点：

考核人与被考核员工本人回顾考核期内工作表现：

续表

考评综述（讨论存在问题的原因、总结成功的原因）			
考评结论： □杰出，超过职责要求　　□优秀　　□良好　　□尚能达到职位基本要求 □除非尽快改进，否则无法胜任			
工作绩效改进计划			
项目			完成时间
培训课程方向		1. 2. 3.	
期望完成的工作改进及采取的措施		1. 2. 3.	
被考核员工签名：		考核人签名：	
部门经理意见			
人力资源部审核			

十七、员工绩效评估申诉表

员工绩效评估申诉表

填写日期：_____年___月___日　　　　　　　　　接收日期：_____年___月___日

姓名		所属部门、项目、小组		职位	
被评估期间		主评估人		上一级主管	
初评结束日期		主评估人是否曾经与你进行过正式的绩效交流		是（　）否（　）	
详细描述申诉理由	申述人签名：　　　　　_____年___月___日				
调查事实描述	调查人签名：　　　　　_____年___月___日				
主评人处理意见	主评人签名：　　　　　_____年___月___日				
仲裁意见	仲裁人签名：　　　　　_____年___月___日				
特别说明：				

十八、绩效考核申诉处理记录表

绩效考核申诉处理记录表

_____年___月___日

申诉人姓名		部门		职位	
申诉内容					
面谈时间			接待人		
处理记录	问题简要描述：				
	调查情况：				
	建议解决方案：				
	协调结果：				
经办人：					
备注：					

十九、员工绩效考核结果处理表

员工绩效考核结果处理表

编号：

姓名		岗位		评估时间	
工资序列		年龄		工龄	
中心		部门			
业绩考核得分		能力评估得分		态度评估得分	
综合考核得分＝业绩得分 ×70% ＋ 能力得分 ×20% ＋ 态度得分 ×10%					
绩效考核等级： □ A（90～100分） □ B（80～89分） □ C（70～79分） □ D（70分以下）					
考核结果处理意见	岗位异动		工资序列变动		其他
	被考核员工意见		直接主管意见	部门经理意见	人力资源部意见
备注					

187

二十、绩效改进计划表

绩效改进计划表

姓名			部门		
岗位			改进计划时间		
序号	必须改进的方面 （以优先顺序排序）	改进意义	要达到的目的	改进的方法	改进的时限

二十一、员工绩效评估结果汇总表

员工绩效评估结果汇总表

评估期间：_____年____月　　　　　　　汇总人：

姓名	评估结果				总评
	第一季度	第二季度	第三季度	第四季度	

二十二、部门半年绩效考评汇总表

部门半年绩效考评汇总表

部门：　　　　考评时间：＿＿＿年＿＿月至＿＿＿年＿＿月　　　　部门经理签字：

序号	姓名	岗位	评价等级	部门负责人或分管领导打分	个人得分权重	公司业绩完成率	公司权重	个人总得分	领导修正		
									修正系数	修正理由	签字

备注：1.评价分为优秀、良好、合格、待改进（对应分数为1.5、1.0、0.5、0）。
　　　2.经理以上人员不参与部门考核成绩排序，由上级领导予以定级。
　　　3.公司绩效系数根据半年度公司运营情况统一通知。

第八章

员工薪酬福利管理

第一节 员工薪酬管理要领

一、薪酬管理的基本原则

企业在对员工的薪酬进行管理时,应遵循以下原则:

1. 公平性原则

(1)外部公平:即同一行业或同一地区或同等规模的企业类似职务的薪酬应大致相应。

(2)内部公平:即同一个企业中不同职务所获薪酬正比于各自的贡献,比值一致才会被认为是公平的。

(3)员工公平:即企业应根据员工的个人因素诸如业绩和学历等,对完成类似工作的员工支付大致相同的薪酬。

(4)小组公平:即企业中不同任务小组所获薪酬应正比于各自的绩效水平。

2. 竞争性原则

企业核心人才的薪酬水平至少不应低于市场平均水平。

3. 激励性原则

体现按劳按贡献分配的原则。

4. 经济性原则

受经济性的制约,员工的薪酬水平,还应与员工的绩效相联系。

5. 合法性原则

如有不完整的地方有待填补、弥合与充实完善,必须符合国家的法律政策。

二、薪酬管理的实施步骤

企业在对员工的薪酬进行管理时,一般按照以下步骤进行:

1. 薪酬调查

人力资源部在设计薪酬模式前,需要对同行业、同地区的薪酬进行调查,并将调查结果作为本企业员工薪酬的参考标准。如果本企业薪酬低于同行水平,势必导致员工的跳槽。

2. 薪酬设计

即设计何种薪酬模式，大多数企业采用的薪酬模式是为以下两种：

（1）记时工资为：薪酬＝基本薪酬＋职务补贴＋岗位补贴＋绩效工资＋其他补贴。

（2）记件工资为：薪酬＝记件数量×单价＋岗位补贴＋绩效奖金＋其他补贴。

但无论哪种薪酬模式，员工实际获得薪酬都不能低于国家最低标准。

3. 薪酬发放

一般来说，薪酬发放是由企业财务部门来负责完成的。薪酬必须按时、按量发放，不能有拖欠行为。

4. 薪酬调整

一般来说，企业到一定时间都会调整员工薪酬，如：

（1）员工试用期转正。

（2）升职。

（3）普遍的物价上涨。

（4）一年一度调工资。

人力资源部作为薪酬调整的主要负责人，需要做好两点：一是必须遵守薪酬调整原则，二是必须公正、公平。

第二节 员工薪酬福利管理制度

一、员工薪酬管理制度

标准文件		员工薪酬管理制度	文件编号	
版次	A/0		页次	

1. 目的

为建立一种以岗位为基础、以工作绩效考核为核心的正向激励机制，把员工的薪资收入与岗位责任、工作绩效密切结合起来，实现薪酬管理与分配的制度化、规范化，特制定本制度。

2. 适用范围

2.1 适用于公司全体员工（计件制除外）。

2.2 非公司所属的外联人员除外。

3. 管理职责

3.1 总经理：根据公司的战略发展规划，提出本制度的制定与修正原则，以及本公司收入分配的原则方案；组织讨论并批准本制度的实施。

3.2 人力资源部：负责组织本制度的修定和实施过程中的解释，负责本制度的执行和监督；负责按各部门上报的考勤、考核等资料，计算员工工资与奖金；拟订薪资年度预算，提出员工薪酬调整议案。

3.3 财务部：负责对人力资源部提交的员工工资表进行复核及最终发放。

4. 薪资的构成

4.1 薪资划分

4.1.1 按各部门的具体职责划分为五大系列：生产、营销、管理、技术、后勤服务。

4.1.2 根据公司的性质，实行以岗位标准工资为主体结构的薪酬制度。

4.1.3 基于激励的需要，将薪酬体系划分为固定工资与浮动工资两大部分，固定工资包括岗位工资、学历工资、工龄工资及各项福利津贴；浮动工资包括绩效工资、加班工资及年终奖金。

4.1.4 基于岗位价值设定的是岗位标准工资（由岗位工资和绩效工资构成），基于个人价值设定的是有补偿性工资（包括学历工资、工龄工资、加班工资以及福利津贴）和奖励工资（奖金）。

4.2 薪资构成

岗位工资、绩效工资、学历工资、工龄工资、加班工资以及福利津贴共六个项目构成月薪资总额。

4.2.1 岗位标准工资。

（1）岗位标准工资 = 岗位工资 + 绩效工资。

（2）不同部门岗位工资与绩效工资比例不同。

4.2.2 绩效工资。

（1）绩效工资体现员工在某一考核期内的工作成绩，以员工考核评估确定的等级结果为依据，确定绩效工资额。

（2）绩效工资分为 A、B、C、D、E 共五等，A 为最高等，C 为绩效工资基准，E 为最低等。

（3）绩效工资等级计算标准：

绩效工资等级计算标准（设绩效工资基准为N）

绩效工资等级	A等	B等	C等	D等	E等
计算比例	N×120%	N×110%	N	N×70%	N×30%

（1）在绩效考核实施前，可统一按C等绩效工资与岗位工资构成的岗位标准工资进行定薪。

（2）绩效工资额由员工在考核期内的考核评估结果（分A、B、C、D、E五等）确定。考核评估结果由考核得分按照规定的等级分布比例强制确定。

绩效工资等级	A等	B等	C等	D等	E等
人员分布比例	5%	20%	65%	5%	5%

4.2.3 工龄工资。

（1）公司为了激励长期为本公司工作的员工而设定的工龄工资。

（2）公司中层以上人员不再计算和发放工龄工资。

（3）工龄是指进入本公司后连续工作的年限。

4.2.4 学历工资。

（1）学历以国家承认的学历为准，一个人同时拥有多个学历时，取其最高学历发放相对应的学历工资。

（2）员工试用期满后开始享有学历工资（专业要与工作相关或对口）。

学历工资等级表

学历	博士	硕士	本科	大专
工资（元）				

4.2.5 加班补贴。

（1）员工加班须由本部门经理审核，经批准的加班需提前报人力资源部办理加班手续，未按规定办理的人员不计付加班补贴。

（2）员工加班分延时加班、休息日加班与法定节假日加班三种。

（3）原则上安排加班的，当月尽量安排补休，如当月不能补休，则计算加班补贴。

4.2.6 福利津贴。

（1）社会保险津贴。公司根据国家有关规定为员工办理社会保险。

（2）假期津贴。全公司员工统一享受国家的法定节假日，不得扣工资。

（3）住房补贴。根据公司规定提供。

（4）伙食津贴。根据公司规定提供。

（5）职称津贴。

（6）特殊津贴。标准如下：延时加班，补贴按工时工资的150%计算；休息日加班，补贴按工时工资的200%计算；法定节假日加班，补贴按工时工资的300%计算。员工本人小时标准为：加班工资的计算基数/（21.75×8）。对公司技术创新、管理创新有特殊贡献的人员，经公司评审通过后，可享有金额不等的津贴。

4.2.7 奖金。奖金分为一次性奖励、特殊贡献奖、项目奖和年终奖四部分，以货币形式给予奖励。

4.2.8 薪资扣款项目。个人所得税、代扣社保费、住宿水电费（住宿人员）、罚款及其他代扣应扣事项。

4.2.9 补杂。员工薪资发放如有错漏，将在下月薪资"补杂"项中补发补扣。

5. 定薪

5.1 新进人员定薪

5.1.1 新员工试用期为1—3个月，试用期薪资级别为该岗位正式薪资级别往下调1—3级。

5.1.2 对于非常优秀或特别稀缺的人才，可以根据市场价格给予破格定级，但须报总经理批准。

5.1.3 新进员工入职薪资确定的岗位权限见下表：

新进员工入职薪资确定权限表

所属岗位	提交试用意见	申请	批准
经理级以上（含）	试用岗位直属上司	人力资源部经理	总经理
经理级以下	试用岗位直属上司	人力资源专员	人力资源部经理

5.2 内部员工定薪

5.2.1 规范定薪：根据员工个人表现、部门及公司的综合评价，按照新制定的薪酬体系等级确定现有人员的薪资等级。

5.2.2 人员调整：每年1月份，各部门根据上一年的人员绩效考核成绩及新一年的工作目标、任务对人员进行优化组合，对于被优化出来的人员及新一年的人员缺口，以书面形式报人力资源部备案。

5.2.3 对胜任岗位工作的人员，可根据胜任程度按薪酬等级表中相对应的工资标准上下浮动2—3个薪级确定薪资等级。

5.2.4 对不胜任本岗位工作的人员，而本部门、班级又无其他合适岗位的，原则上作为待岗处理；待岗时间至劳动合同期满，待岗期间只发放基本生活费，标准参照当地最低生活保障额；在合同期内出现空缺岗位的，待岗人员可申请参加竞争上岗，在同等条件下优先录用。

6. 薪资调整

6.1 个人薪资调整

6.1.1 薪资薪级调整说明。

（1）升级：按照从低到高的顺序依次提高，当需要跨等调级时，则调为上一等中比起调级高的对应级。

（2）降级：按照从高到低的顺序依次降低，当需要跨等调级时，则调为下一等中比起调级低的对应级。

（3）升等：直接升入上一等中比本等级高的对应级。

（4）降等：直接降入下一等中比本等级低的对应级。

6.1.2 岗位或职称无变动的个人薪资等级调整（每年第 12 月调整，次年 1 月实施），以每年 12 次考核为准，若未完成 12 次考核，则按未完成考核次数对应比例减少绩效等级数。

绩效等级控制幅度

条件	调级
全年至少 8 个 A	+2
全年至少 8 个 B	+1
不符合上面或下面的条件	0
全年 8 个 D 或 E，或连续 3 个 E	−1
全年 8 个以上 E	待岗

6.1.3 薪资调整后的计算方式：每月 15 日以后生效的，当月按原等级计算，15 日之前生效的，当月按新等级计算。

6.1.4 个人薪资调整的岗位权限见下表：

个人薪资调整的岗位权限

调整事因	薪等	薪级
职位晋升	对应晋升后所在岗位的薪等	重新评估，一般为该薪等的较低薪级，但必须确保薪资总额不低于晋升前的水平
职位平调	薪等不变	依新的职位重新评估薪级
职位降级	对应降级后所在岗位的薪等	重新评估，但必须确保薪资总额不高于调整前的水平

6.2 全公司普调

6.2.1 薪资普调：指公司根据每年同行业的薪酬调查情况以及国家物价上涨指数而对公司薪酬体系全部或部分内容进行的调整。

6.2.2 有下列情况者，无资格参与薪资普调：

（1）病假、事假、工伤假、产假等累计超过一个月者。

（2）该年度受到重大行政处罚或记大过一次以上者。

（3）加薪实施前离职者。

7. 薪资计算、审批与发放

7.1 薪资计算

7.1.1 薪资计算项目。

员工月薪资总额 = 岗位工资 + 绩效工资 + 工龄工资 + 学历工资 + 加班补贴 + 各种福利津贴 + 补杂 – 应扣款项。

7.1.2 考勤管理。

薪资计算的考勤期间为自然月，在每月的前3个工作日内，劳资专员把员工的上月考勤情况以书面形式通知各部门经理确认。

考勤确认的时间不得超过1天，劳资专员在每月的第5个工作日前回收考勤确认表。

7.1.3 计件工资的计算。

（1）每月的前××个工作日为各部门计算计件工资的时间，必须在第××个工作日将计算好的计件工资表提交到人力资源部。

（2）每月第××—××个工作日为劳资专员汇总、计算计件工资时间。

7.1.4 绩效工资计算。

（1）每月的前××个工作日为各部门绩效考核评估时间，并于第××个工作日汇总到人力资源部。

（2）每月第××—××个工作日为人力资源部劳资专员汇总绩效考核结果并确定绩效工资等级的时间。

（3）每月第××—××个工作日为劳资专员计算工资并制成工资表的时间。

7.1.5 薪资计算时，各项目一律以元为单位，若有小数产生，一律四舍五入。

7.2 工资审批

7.2.1 薪资必须由总经理或总经理的特别授权人（以下称工资批准人）批准后方能发放。

7.2.2 劳资专员完成薪资计算并形成工资表后，一并提交人力资源部经理、财务部经理审核，然后交工资批准人审批，审批完毕后交财务部出纳员。

7.2.3 所有中间审核人和工资批准人的工作完成时间最长不得超过××个工

作日。

7.2.4 如每月××日前工资批准人因出差不在公司,工资表由财务部经理审核后征得工资批准人同意可先行发放,待工资批准人返回后补签。

7.3 薪资发放

7.3.1 薪资发放日期:每月××日发放上月薪资,如遇周末/节假日,则顺延发放,如提前发放,必须经总经理批准。

7.3.2 因计算错误造成员工薪资不符的,将在下月发放的薪资中补扣。

7.3.3 年终奖金发放日期为每年春节前。

8. 补充说明

8.1 员工对薪资产生异议时可以提出书面申请,行使薪资请求权,但自发生之月起6个月内未行使则视为弃权。

8.2 本制度规定的薪资为税前薪资。

8.3 对于本制度未规定的事项,依本公司人力资源部相关的管理制度办理。

拟定		审核		审批	

二、员工福利管理规定

标准文件		员工福利管理规定	文件编号	
版次	A/0		页次	

1. 目的

为改善员工的福利待遇,增强公司凝聚力,减少员工的后顾之忧,根据国家相关劳动法律法规,结合本公司实际情况,特制定本规定。

2. 适用范围

本制度适用于公司全体在职员工。

3. 管理规定

3.1 福利种类

3.1.1 公司福利种类

包括法定福利和公司福利两大类,具体如下:

法定福利和公司福利种类

序号	类别	序号	类别
1	社会保险、住房公积金	7	端午、中秋、妇女节福利

续表

序号	类别	序号	类别
2	团体人身意外险	8	住房福利
3	法定节假日、年休假	9	通信费补贴
4	婚假	10	健康体检
5	产假、护理假	11	特殊岗位津贴
6	计划生育假	12	探亲路费

3.1.2 员工福利待遇规定。

（1）正式员工：享有社保、住房公积金、团体人身意外险、带薪休假、婚假、产假/护理假、计划生育假、节日福利、住房福利、通信补贴、体检、特殊岗位津贴（相关人员）、探亲路费等12种。

（2）试用期员工：享有社保、团体人身意外险、节日福利、通信补贴（相关人员）、特殊岗位津贴（相关人员）等7种。

3.2 社会保险

3.2.1 员工入职后，公司将办理工伤保险，转正后再办理其他社会保险，具体根据当地社会保险制度执行。

3.2.2 参保工资标准。

（1）参保工资以员工个人的基本工资作为参保缴费基数，或按国家规定的最低缴费基数为参保工资，如每月基本工资低于国家规定的最低缴费基数标准，则按照国家规定的标准执行。

（2）参保工资数额调整时间为1月份和7月份，需要调整的员工必须由当事人提前一个月提出书面申请，经人力资源部和有关领导审批才能实施。

3.2.3 团体人身意外险。

员工入职后公司办理团体人身意外险，解除或终止劳动合同时终止。保障利益包括：身故保障、残疾保障、意外伤害医疗保障，保险金额及其他规定依据当地保险公司相关保险条款规定。

3.3 带薪休假（包括法定节假日和年休假）

3.3.1 法定节假日（如有调整，以国家相关规定为准）：元旦1天；春节3天；清明节1天；端午节1天；劳动节1天；中秋节1天；国庆节3天。

3.3.2 年假（年休假）（如有调整，以国家相关规定为准）。

（1）在公司连续工作满一年以上的人员，可享受带薪年休假。休假时间按参加工作年限计算：累计工作已满1年不满10年的，年休假5天；已满10年不满20年的，年休假10天；已满20年的，年休假15天。

（2）年休假原则上在一年内的1月1日至12月31日均可，以天为单位累计，年中请休年假者，请休天数不得超过当年工作时间折算的天数，员工休假时间由各部门根据业务情况灵活安排。

（3）若确实因工作需要无法休假的，经公司领导同意后按相关法规在次年的一季度内进行补休。

（4）事假可用年休假折抵。

（5）员工有下列情形之一的，不享受当年的年休假：

员工请事假累计20天以上的
累计工作满1年不满10年的员工，请病假累计2个月以上的
累计工作满10年不满20年的员工，请病假累计3个月以上的
累计工作满20年以上的员工，请病假累计4个月以上的

3.3.3 法定节假日和带薪年假休假期间按照全薪标准核发工资。

3.4 婚假

只适用于公司正式员工。员工结婚是持结婚证申请，可享受婚假3天；管理人员晚婚者（男年满25周岁，女年满23周岁）可享受10天。婚假原则上一次休完，不得与年假并休。婚假期间发全薪。

3.5 产假、护理假

只适用于公司正式员工。女员工生育，产假98天，其中产前休假15天。难产的增加产假15天。多胞胎生育的，每多生育一个婴儿增加产假15天。实行晚育者（24周岁后生育第一胎）增加产假15天。妻子休产假期间给予男员工享受护理假15天（各省规定不一样）。休假期间发基本工资。

3.6 计划生育假

按国家有关政策，女职工享有计划生育假（流产），休假期间发基本工资。具体规定详见下表：

计划生育假

	情况	假期
流产	孕期>7个月	90天
	4个月<孕期≤7个月	40天
	1个月<孕期≤4个月	15—30天

3.7 节假日福利

3.7.1 端午节、中秋节按××元/人标准，春节按××元/人标准给员工发放福利物品。

3.7.2 "三八"妇女节按××元/人标准发给每位女员工福利物品。

3.8 住房福利

3.8.1 按职务级别享受公司所提供住房，自行解决住房的员工，按月享受外宿住房补贴。标准如下：

住房补贴

职务	住房标准	外宿住房补贴
董事长、总经理	1人/2室1厅	××元
副总经理、总工程师、总会计师、总监	1人/单间	××元
经理、高级工程师、高级会计师	2人/单间	××元
主管、工程师、中级会计师	4人/单间	××元
主管、助理、采购、会计、技术员、助理工程师、初级会计师	4人/单间	××元
班组长、业务员、技工、司机、保安、仓管	4人/单间	××元
普通员工	7人/单间	××元

3.8.2 上述标准根据当地住房标准计算，每年度根据周边物业租赁价格水平做相应调整。

3.8.3 员工在本市区置有房产的，公司原则上不提供住宿，但享受外宿住房补贴。

3.8.4 夫妻双方均为公司员工，或有特殊原因需住单间的管理人员，在条件允许的情况下，可向人力资源部提出申请，经总经理批准后予以分配。

3.9 伙食福利

公司免费提供员工伙食，每日标准为××元。

3.10 通信费补贴

公司按对外联络工作需要，为相关人员提供适当的手机通信费补贴，并根据内部工作联络需要，为相关人员办量集群网。享受此项福利的员工必须每天24小时开机，确保联络畅通。手机话费补贴标准如下：

手机话费补贴标准

岗位	补贴标准（元）	备注
董事长、总经理	××元	
副总经理、总监	××元	
市场营销部门经理/主管	××元	
其他部门经理/主管、采购人员、营销人员	××元	包括业务经理、客户经理
班组长、司机、出纳	××元	

3.11 健康体检

公司每两年组织员工进行一次体格检查，其中特殊岗位员工每年体检一次，费用由公司承担。

3.12 特殊岗位津贴

公司根据特殊岗位的工作环境及作业条件，按以下标准发给员工特殊岗位津贴：

特殊岗位津贴标准

部门	岗位	补贴标准（元/月）
略	略	××元
略	略	××元

3.13 探亲路费

公司给家乡在外地（××城以外的地区）员工，每年可报销探亲差旅费一次。探亲地仅限于员工家乡所在地、父母所在地或是配偶所在地，报销限额标准（封顶）如下：

探亲路费报销标准

××县境内	××区境内/××区周边县市	××市内	××境外
××元	××元	××元	××元

拟定		审核		审批	

第三节　员工薪酬福利管理表格

一、员工薪资登记表

员工薪资登记表

序号	姓名	年龄	部门	最近调薪时间	月基本工资	月提成	月总工资	银行账号

二、员工工资明细表

员工工资明细表

月份：　　　　　部门：

工号	姓名	基本工资	加班工资			其他工资			代扣代缴款项					实发工资	本人签名
			平日加班	休息日加班	法定假日加班	小计	岗位津贴	职务津贴	其他补贴	工资小计	考勤	罚款	税金	社保费	其他	扣缴小计		

制作：　　　　　　　　　　　　　　　审批：

三、生产计件工资明细表

生产计件工资明细表

月份：　　　　　部门：

序号	姓名	工号	职务	入厂日期	小计	工龄补贴	全勤奖	环境补贴	待工补贴	加班补贴	节假日工资补贴（×元／天）	差额补助	合计	备注

四、计件工资每日报表

计件工资每日报表

日期：　　　　　班别：

批号	姓名	工号	工程代号	工时	数量	单价	应得工资	备注

经理：　　　　　　　　　　　组长：　　　　　　　　　　　班长：

五、计件工资调整报告单

计件工资调整报告单

日期：

产品名称		工资核定单编号			
作业名称	原计件工资标准	每件耗用时间	折算每日所得	拟调整比率	原因

批示：　　　　　　　　　　报告部门：　　　　　　　　　主管：

六、员工调薪申请表

员工调薪申请表

日期：_____年___月___日

基本资料	申请人		到职日期	
	所属部门		职位名称	
调薪原因	□绩效调薪　□调职调薪　□年度调薪　□停薪			
	□试用期结束调薪　□奖励　□其他			
预提薪日期					
调薪状况	项目	调整前		调整后
	职位			
	职级			
	基本工资			
	岗位工资			
	岗位补贴			
	通信补助			
	合计			
本人申请说明					
直属上级意见					
人力资源部意见					
总经理意见					

七、薪资变动申请表

薪资变动申请表

姓名		部门		职务	
性别		入职日期		调整日期	
变动原因	□报到定薪　□试用合格调薪　□岗位变动调薪　□其他				
调薪原因	□工作能力及效率提升，晋级 □降级 □转岗调职 □工龄工资 □试用期转正 □其他，请说明：				

（续表见下页）

续表

变动项目	基本工资	保密工资	绩效工资	岗位津贴	其他补贴	金额总计
变动前						
变动后						
人力资源部审批意见						
总经理审批意见						
财务部	调整后薪资发放执行日期：_____年___月___日　　签名：					
备注						

八、职务薪金调整申请表

职务薪金调整申请表

申请部门			申请日期	
姓名		现职务	拟调整职务	
现薪金标准					
调整原因					
生效日期	_____年___月___日			
所在部门经理意见	签字：　　　　　日期：			
主管职能部门意见	签字：　　　　　日期：			
人力资源部意见	签字：　　　　　日期：			
副总经理意见	签字：　　　　　日期：			
总经理意见	签字：　　　　　日期：			

九、薪金调整通知单

薪金调整通知单

财务部：
　　经公司研究决定，_____先生／小姐的薪金调整为_____元／月，其中：基本工资_____元／月，福利_____元／月，奖金_____元／月，加班费_____元／月。另发放津贴_____元／月。请于____年____月____日起按此标准发放。
　　另原岗位调整为_____。

　　　　　　　　　　　　　　　　　　　　　　　　　××有限公司
　　　　　　　　　　　　　　　　　　　　　　　　人力资源部（盖章）
　　　　　　　　　　　　　　　签发：　　　　　　　时间：

十、工资预算表

工资预算表

部门：　　　　　　　日期：　　　　　　　时间阶段：

部门	员工数目		工资费用		加班费用		总费用	
	预计	实际	预计	实际	预计	实际	预计	实际
总计								

计划人 签名		批准人 签名	

十一、员工抚恤申请表

员工抚恤申请表

申请人	姓名		性别		年龄	
	地址		与死亡人关系		身份证号	
死亡者	姓名		性别		年龄	
	职称		到职日期		原薪金	
死亡日期			与执行公务关系		劳保年数	
死亡原因						

续表

适用条款	
抚恤金数额	1. 抚恤金_____ 2. 特别抚恤金_____个月薪金共计_____元
需交证件	1. 死亡证明一份 2. 身份证/户口簿复印件一份
总经理核定		财务部		主管人	
说明：本表一式两份，一份经核定后财务部发给抚恤金，一份存入个人档案

十二、员工婚（丧）补贴申请表

员工婚（丧）补贴申请表

_____年___月___日

部门		姓名		职称		到职日期	
申请事由				证明文件			
备注				申请金额			

总经理：　　　　人力资源部：　　　　部门经理：　　　　申请人：

十三、员工重大伤病补助申请表

员工重大伤病补助申请表

姓名		性别		年龄	
部门		编号		职称	
工号		职等		到职日期	
申请事由：
证明文件：
申请金额：
备注

总经理：　　人力资源部：　　部门经理：　　填表人：　　填表日期：____年___月___日

十四、员工福利金申请表

员工福利金申请表

申请人姓名		岗位	
进入公司时间		进入岗位时间	
申请事项	申请金额		申请说明
短期残障			
长期残障			
人寿保险			
死亡福利			
探亲费用			
退休费用			
员工储蓄计划费用			
员工福利总计			
部门意见			
人力资源部意见			
财务部意见			
申请事项			
总经理意见			

十五、津贴申请表

津贴申请表

班别：□加班　□夜勤　□其他　　　　　　　　　　_____年___月___日

姓名	工作时数	姓名	工作时数	申请津贴具体事实

总经理：　　　　　　　部门经理：　　　　　　　申请人：

十六、企业员工保险月报表

企业员工保险月报表

序号	姓名	工号	工资总额	医保		养老保险		工伤保险	生育保险	失业保险	个人合计	公司合计	备注
				个人缴纳	公司缴纳	个人缴纳	公司缴纳						

批准：　　　　　财务部：　　　　　部门经理：　　　　　经办人：

十七、企业员工住房公积金月报表

企业员工住房公积金月报表

序号	姓名	工号	工资总额	个人缴纳	公司缴纳	备注

部门经理：

第九章

员工关系管理

第一节 员工关系管理要领

一、员工关系管理的内容

员工关系管理是在企业人力资源体系中，各级管理人员和人力资源职能管理人员通过拟定和实施各项人力资源政策和管理行为，以及其他的管理沟通手段，调节企业和员工、员工与员工之间的相互联系和影响，从而实现组织的目标并确保为员工、社会增值。从狭义上讲，员工关系管理就是企业和员工的沟通管理，这种沟通更多地采用柔性的、激励性的、非强制的手段，从而提高员工满意度，支持组织其他管理目标的实现。其主要职责是：协调员工与管理者、员工与员工之间的关系，引导建立积极向上的工作环境。

员工关系管理主要有以下几个方面：

（1）劳动关系管理。劳动争议处理，员工上岗、离岗面谈及手续办理，处理员工申诉、人事纠纷和意外事件。

（2）员工人际关系管理。引导员工建立良好的工作关系，创建利于员工建立正式人际关系的环境。

（3）沟通管理。保证沟通渠道的畅通，引导公司上下及时的双向沟通，完善员工建议制度。

（4）员工情况管理。组织员工心态、满意度调查，谣言、怠工的预防、检查及处理，解决员工关心的问题。

（5）服务与支持。为员工提供有关国家法律、法规、公司政策、个人身心等方面的咨询服务，协助员工平衡工作与生活。

二、员工关系管理的完善措施

1. 设立专人负责制度

公司根据目前的发展情况和规模，在加强员工关系管理的过程中设立专人负责制度是十分必要的，专人负责员工关系管理工作，可以提升公司员工关系管理的水平。

2. 加强内部沟通管理

加强公司内部沟通能力管理，是员工关系管理的核心内容。公司要完善内部沟通机制和沟通渠道，建立和谐融洽互通有无的沟通氛围，充分利用好正式沟通和非正式沟通方式，把握好坦诚、尊重的沟通原则。

3. 员工参与管理

员工参与公司的日常管理，参与公司的部分决策，为公司的发展建言献策，对公司的发展进行监督，提出建设性的建议和意见，可以促进公司管理更加规范，制度日益完善，所以公司在员工关系管理过程中需更加重视员工的参与管理工作。

4. 建立有效的信息渠道

及时准确的信息是企业决策的基础，尤其是在员工关系管理的决策中，要求信息必须真实、可靠、可信，为公司的领导决策提供参考和帮助，因此公司内部就必须建立有效的信息渠道，以提供及时可信的信息来源。

5. 做好员工离职管理

适度的员工离职可以促进公司规范管理，增强企业活力，但是离职率过高的话，就会影响公司的正常发展，所以公司应通过建立完善的员工离职管理制度，做好员工离职面谈工作，分析员工离职的原因，以完善公司管理制度，减少离职率，将优秀的人才真正留在公司内部。

6. 提升员工的工作满意度

员工关系管理的最高境界就是通过提高员工满意度来建立起良好的员工关系，促进企业快速持久地发展。企业要制订合理的调查方案，明确调查任务，选好调查时机，做好员工满意度调查工作。

7. 构建和谐劳资关系

现在员工的法律意识越来越强，劳动争议事件也越来越多，公司为解决这些事件要花费大量的人力、物力和财力，甚至还要付出其他方方面面的成本，因此，构建和谐的劳资关系是做好员工关系管理的基础。

8. 优化人力资源管理制度

公司要不断优化人力资源管理制度，对不适应公司发展的应予修订或者废除；没有规范的应及时制定，以保证公司的人才战略，并且优化公司人力资源管理制度，对员工关系的管理起到一定的支撑作用。

9. 建设积极的企业文化

建立积极的企业文化，明确企业的共同愿景，鼓励员工参与企业文化的建设，充分展现员工的风貌，发展一种积极、学习、创新、和睦的文化氛围，将企业的发展目标与员工的个人发展联系起来，培育他们的责任感与使命感，从而充分地打好员工关系管理的工作基础。

第二节 员工关系管理制度

一、员工关系管理办法

标准文件		员工关系管理办法	文件编号	
版次	A/0		页次	

1. 目的

为规范公司的员工关系管理工作，创建和谐的劳资合作关系，特制定本办法。

2. 适用范围

公司所有在职员工，包括试用期员工、临时工。

3. 管理内容

3.1 员工关系管理作为人力资源管理的一个子项目，在公司里将发挥其独特的管理效用。员工关系管理的内容至少应包括：

3.1.1 劳动关系管理：劳动合同管理、劳资纠纷管理、满意度调查以及人事异动管理。

3.1.2 员工活动管理：发起组织各种员工活动的管理。

3.1.3 沟通机制的建立：员工访谈、家属沟通、员工申诉。

3.1.4 员工关怀：重大事件时的慰问、节假日时的祝福。

3.1.5 心理辅导与疏导：在条件允许的前提下，设置专人不定期对员工的心理进行辅导，或开设心理类培训课程，缓解职场压力与家庭矛盾带来的心理隐患。

3.2 员工关系的管理应该是每一位管理者的职责，其专职管理岗位为人力资源部员工关系专员。

3.3 员工关系每期所做的满意度调查，作为各部门改进管理的依据，以后还可作为公司绩效考核的指标之一。

4. 管理规定

4.1 劳动合同管理

4.1.1 劳动合同是公司与所聘员工确定劳动关系、明确双方权利和义务的协议，凡公司员工都必须按规定签订劳动合同。

4.1.2 所有新进人员必须在入职××天内签订劳动合同，劳动合同的签订时间为员工上岗时间，签订范围为上月所有新进人员与原合同到期需续签人员。合同期一般员工为××年，管理层员工为××年。

4.1.3 调动人员在办理调动手续时，调出公司负责收回原劳动合同，调入公司负责签订新的劳动合同。

4.1.4 人力资源部在员工劳动合同期满前 1 个月，通知员工本人及用人部门领导，由双方协商是否续聘，并将结果及时通知人力资源部。任何一方不同意续签劳动合同的，人力资源部将按照规定提前 3 天通知另一方结果，并按规定办理不续签的人事手续；双方同意续签劳动合同的，人力资源部负责在合同到期前与员工签订新的劳动合同。

4.1.5 员工在试用期可以提前 3 天提出解除劳动合同，非试用期内要求解除劳动合同的应提前 30 天申请。

4.1.6 双方出现劳动纠纷时，由人力资源部根据劳动合同与员工实际表现，代表公司处理劳动纠纷。

4.2 员工活动的组织与协调

4.2.1 人力资源部员工关系专员与行政部行政专员及其他部门自愿者 1—2 名，共同组建员工活动小组，负责组织各种活动小组，如篮球组、羽毛球组等，目的是增强员工之间、部门之间的联系，增进友谊，创建健康积极向上的工作氛围，引导密切合作的团队精神。

4.2.2 活动时间：

（1）小型活动（如员工生日会、篮球赛、乒乓球赛等），每季度一次 1 项。

（2）中型活动（如部门聚餐、团队建设等），每半年 1 次。

（3）大型活动（如年会、员工拓展活动等），每年 1 次。

4.2.3 经费来源：

（1）员工日常违纪罚款。

（2）员工缺勤罚款。

（3）公司提供。

4.2.4 员工关系专员负责向公司申请或筹集员工活动经费，并按计划对活动经费进行管理与控制。

4.3 员工内部沟通管理

4.3.1 公司施行"入职指引人"制度，由部门评选出部门的核心骨干人员担任本部门入职指引人。入职指引人的职责主要有以下几个方面：

（1）帮助本部门新员工熟悉部门运作流程，保持与人力资源部劳动关系专员的沟通，反馈新员工的工作状态和工作表现。

（2）主动为新员工解答疑难，帮助新员工处理各类事务。

（3）转正前对新员工作出客观的评价，以此作为新员工的转正依据之一。

4.3.2 员工的内部沟通主要分为正式沟通与非正式沟通两大类，正式沟通包括以下几个方面：

（1）入职前沟通。

为达到"以企业理念凝聚人、以事业机会吸引人、以专业化和职业化要求选拔人"的目的，人力资源部在招聘选拔面试时须将企业文化、工作职责等进行客观描述。人力资源部招聘专员负责完成对公司拟引进的一般职位的"入职前沟通"，人力资源部负责人、各部门负责人与分管副总完成对中高级管理人员的"入职前沟通"。

同时，进入公司的新员工由人力资源部招聘专员负责引领新员工认识各部门入职指引人，介绍公司相关的沟通渠道，后勤保障设施等，帮助新员工尽快适应新的工作环境。

（2）岗前培训沟通。

对新员工上岗前必须掌握的基本内容进行沟通培训，以掌握公司的基本情况，提高对企业文化的理解和认同，全面了解公司管理制度，知晓员工的行为规范，知晓自己本职工作的岗位职责和工作考核标准，掌握本职工作的基本工作方法，从而比较顺利地开展工作，尽快融入公司，度过"磨合适应期"。

（3）试用期间沟通。

① 为帮助新员工更加快速地融入公司，度过"磨合适应期"，企业应尽量给新员工创造一个合适、愉快的工作环境。
② 由人力资源部、新员工所属直接和间接上级与新员工进行沟通。人力资源部经理主要负责对管理人员进行试用期间的沟通；管理人员以外的新员工沟通、引导，原则上由其所属上级及人力资源部专员负责。
③ 沟通频次要求。
人力资源部：新员工试用第一个月：至少面谈2次（第一周结束时和第一个月结束时）；新员工试用第二、三月（入司后第二、三个月）：每月至少面谈或电话沟通1次。
新员工的入职指引人和所属直接上级：可以参照人力资源部的沟通频次要求进行。
除面谈、电话等沟通方式外，人力资源部须在每月的最后一个星期组织新员工座谈会进行沟通。

（4）转正沟通。

① 根据新员工试用期的表现，结合《绩效管理制度》进行转正考核，在《转正申请表》上作出客观评价。
② 沟通时机。
新员工所属直接上级：管理者进行新员工转正评价时，并且形成部门意见。
人力资源部：在审核员工转正时，并且形成职能部门意见。

（5）工作异动沟通。

① 管理者跟员工的工作异动沟通是为了使员工明确工作异动的原因和目的。让员工知晓新岗位的工作内容和责任，更顺利地融入到新岗位中去，使员工到新岗位后更加愉快、敬业地工作。
② 沟通时机。

> 人力资源部：在决定异动后正式通知员工本人前 3 天内。
> 异动员工原部门直接上级：在接到人力资源部的员工异动决定通知后立即进行。
> 异动员工新到部门直接上级：在异动员工报到上岗之日，相当于新员工的入职引导和岗前培训沟通。

（6）离职面谈。

本着善待离职者原则，对于主动离职员工，通过离职面谈了解员工离职的真实原因以便公司改进管理；对于被动离职员工，通过离职面谈提供职业发展建议，不让其带着怨恨走；诚恳地希望离职员工留下联系方式，以便跟踪管理。沟通时机与要求如下表所示：

沟通时机与要求

时机	离职面谈责任人	具体要求
第一次：得到员工离职信息时或作出辞退员工决定时	原则上由人力资源部和员工所属部门经理共同组织	对于主动提出辞职的员工，员工直接上级或其他人得到信息后应立即向其部门经理和人力资源部员工关系专员反映，拟辞职员工部门经理应立即进行离职面谈，了解离职原因，对于欲挽留员工要进行挽留面谈，对于把握不准是否挽留的应先及时反馈给人力资源部以便共同研究或汇报，再采取相应措施。对于主管级以上的管理人员主动辞职的，得到信息的人应先将信息第一时间反馈给人力资源部经理以便决策。对于企业辞退的员工，由人力资源部组织进行第一次离职面谈
第二次：员工离职手续办清楚准备离开公司的最后一天		对于最终决定同意离职的员工，由人力资源部进行第二次离职面谈。主管级以下员工由人力主管进行离职面谈；主管级以上员工（含主管级）由人力资源部经理及以上负责人进行离职面谈。第二次面谈可以采取离职员工填写《离职员工面谈表》的相关内容方式配合完成。第二次面谈应技巧性地让离职员工自愿留下联系方式，以便跟踪管理

4.3.3 非正式沟通包括以下几种形式：

（1）每季度的最后一个星期五下午由人力资源部组织高层管理人员与各部门基层代表的畅谈会，每期畅谈会参加的基层代表原则上是各部门员工轮流参加，畅所欲言，将自己对公司的想法、意见及不满反映给高层领导。

（2）为了解管理中存在的问题，每季度进行一次员工调查，员工以匿名方式填写"员工满意度调查表"，内容包括员工对直接上级的满意度、工作的建议、对其他部门的意见等。人力资源部在调查后的一周内，将调查内容整理成文，逐级报送给公司领导阅示。

（3）在公司有重大联欢性活动时，邀请员工家属一起参加，使员工家属了解公司、熟悉公司并支持员工的工作。

（4）除正式沟通中的各类面谈外，人力资源部员工关系专员还须不定期对公司员工进行访谈，重点是各部门核心员工、技术骨干的访谈，内容包括员工现阶段工作、生活方面遇到的困难、压力、心理负担。

4.4 员工关怀管理

4.4.1 员工关怀管理的目的是增进员工对企业的归属感与认同感，是指企业在员工遭遇重大困难时，对员工给予精神关怀或者物质帮助的一种管理过程。

4.4.2 逢重要节假日，如中秋节、春节等，人力资源部员工关系组将根据公司情况，给予外派员工以及核心员工适当的慰问与祝福，让员工心有所系。

4.4.3 员工生日，由行政部发放祝福卡片，举行生日会进行庆祝。

4.4.4 员工个人或家庭遭遇重大困难时，员工关系组除代表公司送达慰问与关怀外，另根据公司领导审批情况，给予不同程度的物质协助。

4.5 员工申诉管理

4.5.1 员工申诉管理的主要目的是尽量减少员工因在工作中可能受到的不公正、不恰当的处理而产生的不良情绪。

4.5.2 员工申诉的主要范围包括：对工作安排不接受、对考核结果有异议、对上级处理结果不认同等。

4.5.3 申诉程序为：员工向直接上级投诉，如直接上级在3日之内仍未解决问题，可越级向部门经理投诉，同时也可向人力资源部经理或员工关系专员投诉，人力资源部负责在3日内解决投诉问题。

4.5.4 员工对人力资源部的处理结果不满意的，可继续向人力资源部经理提请复议，人力资源部经理有责任在一周内重新了解情况并给予处理意见。此复议为申诉处理的最终环节。

拟定		审核		审批	

二、劳动关系管理办法

标准文件		劳动关系管理办法	文件编号	
版次	A/0	^	页次	

1. 目的

为规范劳动关系的订立、变更、解除、续订和终止及管理，特制定本办法。

2. 适用范围

公司全体员工。

劳动合同是员工与公司确定劳动关系、明确双方权利和义务的协议，凡在公司工作的员工都必须按规定与公司签订劳动合同。如果公司通知员工签订合同而员工拒绝签订的，公司应在10个工作日内与其解除用工关系。

3. 原则

3.1 劳动合同的订立、变更、解除、续订和终止必须遵循平等自愿、协商一致的原则。

3.2 劳动合同的订立、变更、解除、续订和终止必须遵循相关法律法规的原则。

3.3 劳动合同的订立、变更、解除、续订和终止必须降低用工风险以及维护员工的合法权益的原则。

4. 职责范围

4.1 人力资源部

4.1.1 负责公司员工劳动合同（协议）的签订及跟踪落实。

4.1.2 负责劳动合同的存档、保管。

4.2 用人部门

4.2.1 协助员工签订劳动合同。

4.2.2 监督员工是否签订劳动合同。

4.3 按人力资源部的要求通知员工签订劳动合同的时间及地点。

5. 劳动关系建立

5.1 劳动合同签订情况

5.1.1 公司在聘用员工时，应要求被聘用者出示终止、解除劳动合同证明或与任何用人单位不存在劳动关系的其他凭证，经证实确与其他用人单位没有劳动关系后，两者皆齐全后，方可订立劳动合同。

5.1.2 员工进入公司报到之日接受岗前培训，了解和认可公司的劳动合同条款及岗位职务说明书确定的职责，确定合同期限，甲乙双方可签订劳动合同。

5.1.3 公司出资培训、招（接）收的人员，已经按有关规定与公司签订了专项协议书，在与公司订立劳动合同时，合同期不得短于服务合同或协议尚未履行的期限。

5.1.4 公司在合同履行过程中，对出资培训的员工应按规定计算培训服务期；培训服务期超过劳动合同期限，应延长劳动合同期限到培训服务期结束。

5.2 聘用（返聘）协议

已享受国家退休待遇或已经达到退休年龄的人员，公司为员工签订聘用协议。聘用协议的内容包含工作时间、地点、内容、薪酬待遇等。

5.3 就业（实习）协议

未正式毕业的各大中专院校的学生，来公司实习时，签订就业（实习）协议；取得正式毕业证书之后，公司再签订劳动合同。

5.4 劳动合同的签订

5.4.1 新员工入职手续办理完毕 1 个月内完成劳动合同的签订。

5.4.2 在签订劳动合同之前，人力资源部应向新入职员工说明岗位用人要求、工作内容、工作地点、劳动报酬等情况。

5.4.3 对签订过程中员工遇到的疑问，人力资源部应耐心详细地解答。

5.4.4 新入职中层及以上人员首次合同期限为××年，试用期为××—××个月，基层人员的首次合同期限为××年，试用期为××个月。

5.4.5 员工报酬、加班工资标准一项一律按当地最低工资标准填写。

5.4.6 人力资源部应及时在已签订完毕的劳动合同上盖章（公司公章、法人章）。

5.4.7 劳动合同签订结束后，员工应在"劳动合同签收表"上签字。

5.4.8 人力资源部应该按《员工档案管理制度》将《劳动合同》及时存档。

6. 劳动合同的变更、续签、解除

6.1 劳动合同的履行与变更

6.1.1 甲方变更名称、法定代表人、主要负责人或者投资人等事项，不影响劳动合同的履行。

6.1.2 甲方发生合并或者分立等情况，本合同由承继其权利和义务的单位继续履行。

6.1.3 经甲乙双方协商一致，可以变更劳动合同约定的内容。变更劳动合同内容的，双方应当签字确认。

6.1.3 员工应亲自全面履行劳动合同约定的各项内容。

6.1.4 劳动合同双方当事人应当按照约定的起始时间履行劳动合同。劳动合同约定的起始时间与实际履行的起始时间不一致的，按实际履行的起始时间执行。

6.1.5 经双方当事人协商一致，可以变更劳动合同约定的内容。变更劳动合同应当采取书面的形式。

6.2 员工岗位调整

公司因企业经营状况或人事沟通需要以及根据员工的能力、经验、技能、健康或其他情况经与员工协商后，可调整员工的工作岗位。

6.3 劳动合同的续签

员工劳动合同期限届满，人力资源部应及时地安排续签事宜。

6.3.1 人力资源部应于每月 5 日前整理下月底劳动合同到期人员名单，制定续签审批单，并上报相关负责人审批。

（1）高层人员由总裁审批。

（2）中层人员由部门负责人审核，总经理或总裁审批。

（3）基层人员由所在部门负责人审核，人力资源主管部门审批执行。

6.3.2 相关负责人审批同意后，人力资源部向员工出具"续签劳动合同通知书"，提前 30 天与员工协商并签订合同。如未通过审批，则提前 30 天向员工发出"不续签劳动合同通知书"，30 日满后，办理该员工的离职手续。

6.3.3 续签期限。

（1）中层及以上人员第一次续签劳动合同，一般为 ×× 年。

（2）基层人员第一次续签劳动合同一律为 ×× 年。

（3）双方第二次续签劳动合同时一般签订无固定期限劳动合同。

（4）如员工提出签订固定期限合同的，可以签订固定期限合同。

6.4 员工出现下列情况之一的，公司可依法与其解除劳动关系：

6.4.1 公司与员工协商一致的。

6.4.2 员工在试用期间被证明不符合录用条件的。

6.4.3 员工严重违反劳动纪律或公司规章制度的。

6.4.4 员工严重失职，营私舞弊，给公司造成重大损害的。

6.4.5 员工同时与其他公司建立劳动关系，对完成本公司的工作任务造成严重影响，或者经公司提出，拒不改正的。

6.4.6 员工以欺诈、胁迫的手段或者乘人之危，使公司在违背真实意思的情况下订立或者变更劳动合同的。

6.4.7 员工被依法追究刑事责任或被公安机关拘留的。

6.4.8 员工患病或者非因工负伤，在规定的医疗期满后不能从事原工作，也不能从事由公司另行安排的其他工作的。

6.4.9 员工不能胜任工作，经过培训或者调整工作岗位，仍不能胜任工作的。

6.4.10 劳动合同订立时所依据的客观情况发生重大变化，致使劳动合同无法履行，经公司与员工协商，未能就变更劳动合同内容达成协议的。

6.4.11 公司依照《企业破产法》规定进行重整的。

6.4.12 公司生产经营发生严重困难的。

6.4.13 企业转产、重大技术革新或者经营方式调整，经变更劳动合同后，仍需裁减人员的。

6.4.14 其他因劳动合同订立时所依据的客观经济情况发生重大变化，致使劳动合同无法履行的。

6.5 有下列情形之一的，劳动合同终止：

6.5.1 劳动合同期满的。

6.5.2 员工达到法定退休年龄的。

6.5.3 员工死亡或者被人民法院宣告死亡或者宣告失踪的。

6.5.4 公司被依法宣告破产的。

6.5.5 公司被吊销营业执照、责令关闭、撤销或者公司决定提前解散的。

6.5.6 法律法规规定的其他情形。

7. 保密协议及损失赔偿

7.1 保密协议

对知悉公司商业秘密的员工，公司要求员工履行保守商业秘密义务的，可在劳动合同或者保密协议中关于员工要求解除劳动合同的提前通知期限做出约定，提前通知期限不超过 6 个月。在此期间，公司可以采取相应的脱密措施。

7.2 员工违反《劳动合同法》规定解除劳动合同，违反劳动合同或保密协议约定的保密义务或竞业限制，给公司造成损失的，应向公司承担赔偿责任。

7.3 违约金的设定遵循公平、合理的原则。违约金的数额根据劳动合同、保密协议或竞业限制协议约定的数额确定。基于培训协议所设定的违约金数额，不超过实际支付的培训费用总额。

7.4 损失赔偿的范围仅限于下列情形：

7.4.1 公司录用员工所直接支付的费用。

7.4.2 公司为员工支付的培训费用。

7.4.3 对生产、经营和工作造成的直接损失。

7.4.4 违反公司质量管理规定，造成质量事故，根据公司《质量管理体系》中《事故处理规定》的赔偿标准进行赔偿。

8. 离职管理

8.1 员工提出解除劳动合同

8.1.1 提出辞职的中高层人员需提前 ×× 天向所在主管领导递交"辞职申请表"，基层人员提前 30 日向所在部门递交"辞职申请表"。主管领导签署意见后，交人力资源部，人力资源部安排与辞职员工进行面谈，并作出回复。

8.1.2 基层员工辞职由人力资源部指定专人负责与员工进行面谈，并填写"面谈记录表"；中层高层的辞职者，由人力资源部经理面谈并填写"面谈记录表"，报公司总经办，人力资源部备案。

8.1.3 公司同意辞职的人员，在约定的离职最后 1 日办理工作交接，工作交接完成后，再到人力资源部领取"员工离职手续清单"，并到相关部门办理手续，经相关部门负责人签字确认完成"员工离职手续清单"手续后，递交人力资源部核实批准（中层以上辞职者需经人力资源经理批准）。

8.1.4 离职者办理完结"员工离职手续清单"后，人力资源部负责办理解除离职人员的劳动合同、人事档案关系、社会保险关系以及公积金转移手续。并开具"解除劳动关系通知书"，此单据由人力资源部和辞职者各执一份。

8.2 员工未提交辞职申请无故不上班，或者应当提前30日提交辞职申请，而在提交辞职申请后未满30日内无故不上班的，按旷工处理，连续旷工超过3日的，属严重违反公司规章制度行为，企业可直接解除劳动合同关系。

8.3 经济补偿金的支付按《劳动合同法》规定执行。经济补偿金在办理工作交接完后支付次月工资结算时予以支付。

8.4 凡公司支付学费及培训费的员工必须按规定与公司签订培训服务协议，作为劳动合同的附件，员工培训服务期未满与公司解除劳动关系，除按劳动合同实施细则规定向公司赔偿违约金外，还需向公司赔偿培训费用。其计算方法是以员工培训服务期按月等分全部培训费用金额，以员工已履行的培训服务期月数递减。

8.5 员工与公司因履行劳动合同发生争议，调解不成的，可以向本市劳动争议仲裁委员会申请仲裁或向当地人民法院提起诉讼。

拟定		审核		审批	

三、员工申诉制度

标准文件		员工申诉制度	文件编号	
版次	A/0		页次	

1. 目的

为了维护公司与员工的合法权益，保障员工与职能部门及公司管理层的沟通，及时发现和处理隐患问题，从而建立和谐的劳动关系，增强企业凝聚力，特制定本制度。

2. 适用范围

本制度适用于对公司所有员工的申诉进行管理的相关事宜。

3. 制度内容

3.1 申诉人应依据事实，按照本制度的规定进行申诉，如经查证表明申诉人有欺骗行为的，公司将依据相关规定进行处罚。

3.2 申诉范围应在人力资源部管理的范围内，包括但不限于以下几种情形：

3.2.1 对职位、职级的调整有异议的。

3.2.2 对绩效考评及奖惩有异议的。

3.2.3 对培训、薪酬、福利等方面有异议的。

3.2.4 对劳动合同的签订、续签、变更、解除、终止等方面有异议的。

3.2.5 认为受到上级或同事不公平对待的。

3.2.6 申诉人有证据证明自己权益受到侵犯的其他事项。

3.3 申诉渠道及方式

3.3.1 公司成立申诉处理委员会，由总经理、副总经理、工会主席、人力资源部经理、申诉人所在的部门经理及员工关系经理组成。如果申诉提交到了人力资源部，员工关系经理将负责调查、取证、提出初步处理意见、参与研究、反馈答复意见等工作。

3.3.2 申诉人可以选择口头申诉或书面申诉，但是不论选择哪种方式均应填写人力资源部提供的"员工申诉/答复表"作为记录。建议申诉人采取书面申诉方式以便于申诉的处理。

3.3.3 申诉人可选择下列任一对象作为申诉受理人进行申诉，如果申诉人系口头申诉的，申诉受理人应提供"员工申诉/答复表"并做好记录，记录完成后应要求申诉人签字确认：

（1）申诉人的直线经理。

（2）申诉人的部门经理。

（3）人力资源部员工关系经理。

（4）人力资源部经理。

3.3.4 申诉人在等待处理期间应严格遵守公司相关规章制度，保证正常上班。

3.4 申诉处理的程序

3.4.1 申诉人采取书面申诉方式的应在申诉事项发生之日起××日内到人力资源部领取"员工申诉/答复表"并尽快填写完毕交给自己选择的申诉受理人；采取口头申诉方式的应在申诉事项发生之日起××日内根据本制度选择一名申诉受理人并进行申诉。

3.4.2 申诉受理人应在接收"员工申诉/答复表"时或申诉人口述申诉事项后详细分析申诉事项是否符合本制度申诉范围的要求。

（1）如果不符合要求，申诉受理人应当场告知申诉人终止申诉并在"员工申诉/答复表"上注明。

（2）如果申诉事项符合要求，申诉受理人应立即告知申诉人自己能否对申诉事项作出解答。

（3）如果不能作出解答则应明确告知申诉人，并在"员工申诉/答复表"上写明由申诉处理程序的后一级进行解答。

3.4.3 在申诉人的直线经理和部门经理两个层面上，二者均可直接对申诉事项进行调查、处理，申诉人对处理结果满意的即可终结申诉；如果申诉人对二者的处理结果均不满意或申诉人直接向人力资源部提出申诉的，由员工关系经理负责申诉事项的调查、取证、反馈等工作。

3.4.4 任一申诉处理人员均应在××日内对申诉事项做好调查、取证等工作并得出最终结论。

（1）如果申诉人对调查结论不满意的，可以在知道申诉结论之日起××日内提出再申诉，××日内不提出再申诉即表示申诉人接受该结论。

（2）再申诉应按照申诉处理程序，由作出调查结论的申诉处理人员的后一级受理。但是，当申诉到达申诉处理委员会并由其作出终结时，该申诉结论为最终结论，申诉人应无条件遵守。

3.5 申诉答复

申诉处理结果做成一式三份的"员工申诉／答复表"：一份交员工保存；一份存入申诉人个人档案；一份由人力资源部代表公司保存。

3.6 在整个申诉处理过程中，处理申诉的相关人员应保守秘密。如有泄密者，将依据相关规定进行处罚；如有对申诉人打击报复者，将根据相关规定从重处罚。

3.7 申诉结论得出后，由人力资源部员工关系经理负责对结论的执行情况进行跟踪和监督。

3.8 制度实施

本管理制度自制定起实施。本制度的解释权归公司人力资源部。

拟定		审核		审批	

四、员工沟通管理办法

标准文件		员工沟通管理办法	文件编号	
版次	A/0		页次	

1. 目的

为使员工能依正常途径表达不满情绪与解答生活和工作上的困惑，改善工作气氛，维护公司和员工权益，协助公司高层与员工直接对话，并收集内部管理信息，建立顺畅的沟通管道，增强企业凝聚力，特制定本办法。

2. 适用范围

适用于与公司建立劳动关系和协议关系的员工沟通及问题的协调处理。

3. 权责

3.1 总经理负责申诉处理结论的最终核准、总经理意见箱提报问题的处理回复、员工座谈会的主持、问题回复、处理结果的核准。

3.2 人力资源部负责员工申诉事件的调查处理，处理办法的提出，员工座谈会的参加，违规投诉、员工意见箱提报问题的回复。

3.3 人力资源部薪酬专员负责总经理信箱、员工意见箱的定期开启，意见的汇整提报，新进员工座谈会、班组长座谈会的召集、会场布置、会议记录、会议反馈问题的改善跟进。

3.4 各部门经理负责本部门员工申诉的调查处理，处理意见的提报，总经理信箱、员工意见箱、新进员工座谈会、班组长座谈会提报问题的责任落实和协助处理，员工提案的评审及被采纳提案的落实。

4. 内容

4.1 沟通内容

4.1.1 对于奖惩处置不公或存在明显偏差，遭受打击报复等对员工精神和物质造成严重损害的可以向上级申诉。

4.1.2 对于严重违纪违规行为及员工在工作中遭受严重精神和物质伤害的可向总经理信箱投诉反映问题。

4.1.3 对于公司在生产生活等各项管理上对员工造成工作生活不便，有意见和好的建议的可向员工意见箱投诉。

4.1.4 对于公司在管理、生产工艺改进、技术创新、节能降耗等方面有好的建议的，可向公司表达意见。

4.2 沟通形式

4.2.1 申诉。

申诉人直接以书面、口头、电话、意见箱、短信、邮件等方式直接向上级申诉。

（1）申诉政策。

申诉问题必须确凿无误，不得无理取闹，借申诉报复他人；对于申诉人提出的问题及对申诉人必须给予尊重，并保障申诉人的个人隐私；申诉人不因提出申诉问题而遭受打击报复，甚至失去工作；对于申诉问题未完成或完成均应给予及时答复；员工不应以任何名义，未经申诉与协调程序而妨碍生产管理秩序、怠工或罢工，否则公司可依据《奖惩管理规定》给予处置，造成公司损失的须承担赔偿损失。

对于员工申诉遇到协调对象与该员工有亲属、好友关系的应主动回避，交上一级管理人员处理。对于申诉事件对象为上一级的应回避。

（2）对于书面申诉问题，申诉人至人力资源部领取《申诉书》并如实填写，依次向班组长、部门主管、部门经理、人力资源部经理、总经理申诉，对于申诉问题各级管理者必须在××个工作日内给予协调处理并回复，对于在××个工作日内未处理也未及时回复的可越一级向上以书面方式申诉。

4.2.2 总经理信箱。

（1）发现管理人员不作为、处事不公、工作中弄虚作假、收受贿赂，以及欺诈、赌博、偷盗等严重违纪行为的，员工在工作中遭受严重精神和物质损害的，可以实名或匿名方式向总经理信箱投诉问题。

（2）投诉问题必须确凿无误，不得无理取闹，借投诉报复他人；对于投诉人提出的问题及对投诉人必须给予尊重和必要的保护，并保障投诉人的个人隐私；投诉人不因投诉问题而遭受打击报复；对于投诉问题经查证不实的不予处理，造成他人精神及物质损害的，将依照国家的有关法律法规和公司的《奖惩管理规定》追究责任；对于举报严重违纪行为经查证属实的将依照《奖惩管理规定》给予奖励；对于管理人员对投诉信息保护失误导致信息泄露对投诉人造成损害的将追究保密责任。

（3）总经理信箱钥匙由人力资源部薪资专员专人管理，每月××日开启（最迟可顺延××个工作日），报总经理审阅。人力资源部薪酬专员跟进改善情况，填写《总经理意见箱月问题改善跟进表》，总经理视情况查证后给予回复，对于实名反馈问题的需最迟在一个月内向员工回复处理结果。

4.2.3 员工意见箱。

（1）对于公司在生产生活等各项管理上对员工造成工作生活不便，有好的意见和建议的可向员工意见箱投诉问题。

（2）投诉问题必须确凿无误，在合情合理的范围内，不得无理取闹，借投诉报复他人；对于投诉人提出的问题及对投诉人必须给予尊重和必要的保护，并保障投诉人的个人隐私；投诉人不因投诉问题而遭受打击报复；对于投诉问题经查证不实的不予处理，造成他人精神及物质损害的将依照国家有关法律法规的规定和公司的《奖惩管理规定》追究责任；对于管理人员对投诉信息保护失误导致信息泄露而对投诉人造成损害的将追究保密责任。

（3）员工意见箱钥匙由人力资源部薪资专员专人管理，每月××日（最迟可顺延××个工作日）开启，直接整理汇报人力资源部经理。人力资源部跟进提报问题的改善，填写《员工意见箱月问题改善跟进表》，最迟在一个月内向员工回复处理结果，并张贴公告。

4.2.4 员工座谈会。

（1）员工对于公司政策、规章制度、生活管理等方面有不满的，可在总经理召集的员工座谈会和班组长座谈会上陈述问题，总经理给予当面回复，若当面无法回复的则最迟在会后××个工作日内回复。

（2）会议召开标准。

会议召开标准

标准种类	主办单位	与会主管	参加会对象	参加人数	开办频率	意见收集	会议记录	是否公告	会议议题
员工座谈会	人力资源部	总经理、人力资源部经理	30人，新进1个月员工和老员工各占半	实际人数	1次/月（每月24日，遇节假日则顺延）	/	有	是	公司政策、规章制度、生活管理等
班组长座谈会	人力资源部	总经理、人力资源部经理	各部门班组长	实际人数	每月25日，遇节假日则顺延	/	有	是	
其他会议	各部门	部门经理	公司内组长	部门自定					

（3）会议流程。

会议流程

程序	基本流程	负责部门	具体内容	产出
会前准备	人员选取	薪酬专员	依年资、部门、年龄、性别按一定比例选取	参会名单
	会前安排	薪酬专员	提前拟定会议时间、地点，并邀请相关人员参会	会议通知
会中	会议开场	薪酬专员	介绍会议目的、会议议题并引导大家积极提问	会议记录
	自由提问和回复	参会人员/总经理	由各参会人员自由提问并由总经理当场回复	
	会议小结	总经理	总经理进行会议小结	
会后	提报会议记录	薪酬专员	于7个工作日内提报会议记录并呈总经理签核完毕	会议记录
	部内公告	薪酬专员	对会议记录进行公告	公告
	跟进问题改善	薪酬专员	会议问题	员工座谈会月问题改善跟进表

4.2.5 提案。

对于公司在管理、生产工艺改进、技术创新、节能降耗等方面有好的建议的，可依据公司《提案管理规定》要求表达意见。

5. 相关文件

5.1 《奖惩管理规定》。

5.2《提案管理规定》。

6. 使用表单

6.1 申诉书。

6.2 总经理意见箱月问题改善跟进表。

6.3 员工意见箱月问题改善跟进表。

6.4 员工座谈会月问题改善跟进表。

拟定		审核		审批	

五、员工满意度调查管理规定

标准文件		员工满意度调查管理规定	文件编号	
版次	A/0		页次	

1. 目的

为体现公司"以人为本"的经营理念，关注并提升员工满意度，为公司员工满意度调查管理提供依据，做到有章可循，特制定本规定。

2. 适用范围

适用于员工满意度调查的管理。

3. 权责

3.1 人力资源部

3.1.1 本规范的制定、修订和解释。

3.1.2 员工满意度调查问卷的设计、发放、回收、统计和分析，并提出改进方案。

3.1.3 主导和监督改进方案的实施。

3.2 各部门

3.2.1 协助人力资源部进行问卷的发放和回收。

3.2.2 改进方案的实施。

3.2.3 本部门员工满意度的管理。

3.3 总经理

审核和批准本规范。

4. 定义

4.1 员工满意：指一个员工通过对企业所感知的效果与他的期望值相比较后所形成的感觉状态，是员工对其需要已被满足程度的感受。

4.2 员工满意度：指员工接受企业的实际感受与其期望值比较的程度，即员工满意度＝实际感受÷期望值。

5. 管理规定

5.1 员工满意度调查管理的原则

5.1.1 实事求是。设计的问卷要能反映公司或部门的现状，员工要根据自身的认知进行填写，公司或部门也要承认问题。

5.1.2 坦诚沟通。面谈双方在面谈时都应根据公司或部门的现实情况说出目前的真实感受。

5.1.3 信息公开。调查结果和改进措施要让全员知晓。

5.2 员工满意度调查管理的方法分类

5.2.1 员工满意度调查：问卷调查、面谈调查。

5.2.2 部门内的调查和意见反馈：问卷调查、面谈调查。

5.2.3 员工意见反馈：意见箱、邮件、员工意见收集。

5.3 员工满意度问卷调查

5.3.1 员工满意度问卷的调查时机：每年进行两次全员满意度调查，一般安排在每年6月下旬、12月下旬进行；每年进行两次员工满意度调查，调查比例为全员人数的15%，主要调查员工对改进措施的满意度，一般安排在3月和9月的最后一周。

5.3.2 下列情况发生时可适当安排员工满意度调查：

（1）组织结构发生重大变化时。

（2）员工变动频繁、流动率大时。

（3）员工不停地抱怨企业和管理人员工作效率低下时。

（4）其他认为有调查需要的情况发生时。

5.3.3 员工满意度调查问卷的设计。

（1）调查问卷应根据公司或部门的现状，从以下几个方面进行问卷的设计：

方面一	对工作本身的满意度（工作合适度、责任匹配度、工作挑战性、工作胜任度）
方面二	对工作回报的满意度（工作认可度、事业成就感、薪酬公平感、晋升机会）
方面三	对工作背景的满意度（工作空间质量、工作时间制度、工作配备齐全度、福利待遇满意度）
方面四	对工作人际关系的满意度（合作和谐度、信息开放度）
方面五	对企业整体的满意度（企业了解度、组织参与度）

（2）调查问卷每道题的选择项分为 A、B、C、D 四个等级，分别对应 4 分、3 分、2 分、1 分。如有必要，可设"其他事项"一栏，以便收集员工的其他意见。

（3）企业在设计全员的调查问卷时顶部应设"所在部门"一栏，以统计各个部门的员工满意度。

（4）调查问卷要有对调查理由和调查目的的说明。

（5）全员的调查问卷设计定稿需经人力资源部经理审核和总经理批准；部门内的调查问卷需经部门经理审批。

5.3.4 员工满意度调查问卷的发放与回收。

（1）办公室文员：办公室文员应在调查问卷批准后的 2 个工作日内发布到公司内网上，同时设置调查范围和权限，并通过公司内网新闻中心发布员工满意度调查通知。

（2）生产后勤文员：文员应在调查问卷批准后的 2 个工作日内按照公司要求通过微信小程序发布。

（3）网上调查的有效期为 7 天，要跟催问卷的提交情况。

5.3.5 员工满意度调查问卷的统计。

（1）员工满意度普查：应在问卷回收后的 3 个工作日内按部门和公司总体分别统计出结果。

（2）员工满意度抽查：应在问卷回收后的 3 个工作日内按部门和公司总体分别统计出结果。

（3）相关人员应在网上调查结束后的 2 个工作日内将调查结果打印出来以备存档。

（4）员工满意度的计算方式：{∑各题的得分 /[（题数 ×4）÷100]} ÷ 有效问卷数。

5.3.6 员工满意度调查问卷的分析与发布。

（1）相关人员应在统计结果出来后的 5 个工作日内编制出《员工满意度调查报告》，编制人员负责对员工满意度调查的各种信息进行归类、统计、分析、判断和讨论，形成具有集体意见的《员工满意度分析报告》。

（2）《员工满意度调查报告》的内容至少包括：调查工作的背景和目的、调查的时间和对象、调查的方法、问卷本身存在的问题、原始信息统计、归类分析反映的问题、改进建议、整改要求等，并附调查统计表。

（3）公司全员的《员工满意度调查报告》需经人力资源经理部审核和总经理批准后方可予以发布，需要时按照人力资源部经理和总经理提出的意见和建议进行修正和补充；部门的《员工满意度调查报告》需经部门经理审核和人力资源总监批准，并交人力资源部存档。

（4）《员工满意度调查报告》的发布方式：公司内网新闻中心、厂区的宣传栏、邮件方式。

5.3.7 改进措施的实施与监督。

（1）人力资源部在调查报告公布后的10个工作日内根据调查报告中的改进建议和整改要求同相关业务部门制定具体的改进措施，形成《关于×××的改进方案》，并落实到相关责任部门。

（2）改进方案经总经理批准后应及时地通过公司内网新闻中心和厂区宣传栏的方式公布并备以存档，接受员工的监督。

（3）员工可以根据自己的感觉和切身体会通过员工意见箱和邮件或一切可能的方式向人力资源部反映问题及问题的改进措施和意见。

（4）人力资源部应重视员工的意见，随时关注各相关部门对改进方案的落实情况，对于员工反应很大、改进缓慢甚至没有改进的，人力资源部须向相关部门发出，整改通知书〉，通报批评，并在规定时间内对整改结果进行验证，验证结果应知会总经理。

5.4 面谈调查

5.4.1 面谈调查的时机。

（1）员工满意度问卷调查前。

（2）改进方案的实施中。

（3）公司或部门的重大变革前后。

（4）员工对于某件事议论较多，并对公司的运作产生一定的影响时。

5.4.2 面谈调查的方法与步骤。

（1）根据具体事件，确定需要调查的人数，至少不低于××人。

（2）根据各部门情况和员工类型选择调查样本，要保证调查的全面性。

（3）在调查样本中随机选择调查对象，调查对象要具有代表性。

（4）设计调查问题，问题尽可能多而全面。

（5）双方面谈时，应选择相对比较安静的环境，以免被打扰；既可以是一对一的面谈，也可以是小组面谈，一对一的面谈建议时间为30分钟，小组面谈可持续1小时。

（6）双方面谈时，作为管理者的一方应做好记录，为面谈报告的撰写提供基础依据。

（7）整个的面谈调查时限不能超过7个工作日。

5.4.3 面谈调查报告。

（1）在面谈调查结束后的3个工作日内，人力资源部应对面谈记录进行分类、分析、判断和讨论，形成《员工面谈报告》。

（2）《员工面谈报告》的内容至少包括：面谈调查的背景和目的、调查的时间和对象、调查的方法、归类分析反映的问题、改进建议、整改要求等，并附面谈记录。

（3）改进措施的实施与监督，参照 5.3.7 执行。

5.5 员工意见反馈

5.5.1 意见箱。

（1）公司在宿舍楼梯口设立意见箱。

（2）员工可以就公司制度、后勤服务、管理措施等方面提出投诉和建议。

（3）相关工作人员必须每月 25 日前对意见箱进行查看，并做好相关记录（查看日期、意见数量、意见主题和类型）。

（4）相关工作人员收到意见后，应立即与当事人确认，如为匿名信，则应调查事件的真实性。

（5）如确有此事，人力资源部则应及时地与相关部门进行沟通，商议解决方案，确定责任部门，并向外发出通告；如无此事，则应向外发出通告，澄清事实。

（6）解决问题的期限应在 1 周之内（从收到意见的日期算起），如问题比较严重，可根据具体情况做适当延长，但延长期限不得超过 10 天，并向外发出通告，说明延长的原因。

（7）人力资源部对方案的实施情况进行监督。

（8）人力资源部要对收到的意见、问题的解决方案及方案实施的效果进行存档。

（9）如果员工发现投出的意见在 10 天内没有得到反馈，相关人员可直接向人力资源经理进行投诉。

5.5.2 邮件。

（1）邮件的发送主体为企业文化专员和绩效专员，也可以发送到人力资源部的任何一个人。人力资源部在收到邮件后，应与相关负责人确认收到日期并做好相关记录。

（2）其他事项请参照 5.5.1 的规定。

5.5.3 员工意见收集。

（1）人力资源部定期进行意见收集，每月收集意见的对象不少于 3 人。

（2）相关人员对收集到的意见进行整理分析，并制订出可行性方案，由人力资源部进行统一评审，涉及相关部门的经理应参与进来，以上工作需在 7 天内完成。

（3）如果方案可行，人力资源部应知会相关部门，请相关部门提供帮助，并向外发出通告；如方案不可行，则应与意见提供人进行沟通，说明原由。

（4）人力资源部对改进方案的实施情况进行监督。
（5）人力资源部对收集到的意见、实施的改进方案及方案实施的效果进行存档。

5.6 员工意见的奖励

参照《员工奖惩管理办法》。

5.7 员工满意度报告

在年末的时候，人力资源部要编制一份《××××年份员工满意度报告》，报告的内容包括问卷调查的次数和时间。

拟定		审核		审批	

第三节　劳动关系管理表格

一、劳动合同签收单

劳动合同签收单

致公司：
　　本人（身份证号：　　　　　　　　　）谨此确认已完整阅读，并充分理解和认可《劳动合同》的内容，现收到公司交付给本人的已完整填写并盖章的《劳动合同》一份。

　　员工签字：

　　　　　　　　　　　　　　　　　　　　　　　　日期：＿＿＿＿年＿＿＿月＿＿＿日

二、劳动合同续签审核表

劳动合同续签审核表

员工基本信息	姓名		部门		工号	
	现合同期： 起始日＿＿＿＿年＿＿＿月＿＿＿日 终止日＿＿＿＿年＿＿＿月＿＿＿日				现合同累计次数： 拟续签合同时间：	
用人部门	1. 员工日常工作表现及业绩评价： 2. 工作中存在的问题及需要改进的方面：					

续表

用人部门	3.是否与员工本人进行续签面谈？□是　□否 同意续聘或终止合同意见（请明确具体原因）： 签名：　　　　　　　日期：		
审批意见			
用人部门 负责人意见	负责人签字： 日期：		
行政事业部意见： 　　　负责人签字： 　　　日期：		总经理意见： 　　　签字： 　　　日期：	
人力资源中心意见： 　　　负责人签字： 　　　日期：		总裁： 　　　签字： 　　　日期：	
报备 （人力资源管理部门填写并留存）	□不续签劳动合同 □续签劳动合同（□固定期限合同　□无固定期限合同）		
^	新合同开始时间： 新合同终止时间： || 新合同签订操作人签名： 新合同实际签订时间：	

备注：现合同累计次数，指员工在最后任职主体内的合同签订次数。

三、员工劳动合同签收备案表

员工劳动合同签收备案表

序号	姓名	劳动合同期限		员工签名	签收日期	备注
		起	止			

四、劳动合同签订、变更登记表

劳动合同签订、变更登记表

部门		姓名		工号	
入职时间		转正时间			

续表

签订（或变更）时间	
合同签订类型	□劳动合同书　□公司聘用合同书
签订（或变更）期限	
签订（或变更）约定事项	
部门经理意见	
人力资源部意见	
总经理意见	

五、员工解除、终止劳动合同审批表

员工解除、终止劳动合同审批表

部门		姓名		工号	
入职时间		转正时间			
解除（或终止）时间					
合同类型	\multicolumn{5}{l}{□劳动合同书　□聘用合同书}
合同签订期限					
解除（或终止）事项					
部门经理意见					
人力资源部意见					
总经理意见					

六、签订劳动合同通知书

签订劳动合同通知书

尊敬的××先生／女士：

感谢您加入本公司，根据《劳动合同法》和《劳动合同法实施条例》规定，现请您于_____年___月___日携带以下的材料至本公司人力资源部办理录用手续，并协商一致签订劳动合同。如逾期不签劳动合同，公司将依据《劳动合同法实施条例》规定终止劳动关系。

1. 与原单位解除劳动合同关系的证明文件正本。
2. 入职体检报告。
3. 身份证原件及复印件一份。
4. 学历证明文件原件及复印件一份。
5. 职称证明文件原件及复印件一份（如有）。
6. 实名制银行账户复印件。
7. 2寸证件照2张。

（续）

8. 其他。

通知方（签名或盖章）
日期：

签收回执

本人已收到公司于＿＿＿年＿＿月＿＿日发出的《签订劳动合同通知书》。

签名：
日期：

七、续签劳动合同通知书

续签劳动合同通知书

员工姓名：
身份证号：
　　双方于＿＿＿年＿＿月＿＿日签订的劳动合同将于＿＿＿年＿＿月＿＿日期限届满。经部门与公司考核，现通知您续签劳动合同，详细条款请阅劳动合同（一式两份）。收到此通知后7天内填写《续签劳动合同意向书》回复人力资源部，连同签订好的劳动合同交还人力资源部（员工自己留一份）。过期此通知书失效，视为员工自动放弃续签劳动合同。
　　特此通知。

人力资源部
日期：

签收回执

　　本人已收到由本公司人力资源部于＿＿＿年＿＿月＿＿日发出的《续订劳动合同通知书》。本人会于收到通知后7天内以《续签劳动合同意向书》回复公司，过期将视为本人自动放弃与公司续签劳动合同。

签名：
收通知日期：

八、终止（解除）劳动合同通知书

终止（解除）劳动合同通知书

部门：
　　公司决定自＿＿＿年＿＿月＿＿日起解除／终止＿＿＿＿先生／女士的劳动合同，请将下联转发其本人，并于3个工作日内，按公司规定办理工作交接和离职结算手续。
　　解除／终止劳动合同原因：

收到下联后本人签名：　　　　时间：

（续）

终止（解除）劳动合同通知书（下联）

姓名		性别		年龄		职务	
工作单位					合同终止日期		

××先生/女士：
本公司因以下第____种原因解除/终止劳动合同：
1. 您的劳动合同于_____年____月____日到期，经公司研究决定，不再与您续签劳动合同；
2. 根据《中华人民共和国劳动法》第三章的有关规定，经公司研究决定，自_____年____月____日起解除与您的劳动合同，具体原因见下表第____条。

解除劳动合同原因：第____条

1. 公司同意劳动者辞职要求。
2. 试用期内解除合同。
3. 严重违反劳动纪律或公司规章制度被辞退。
4. 员工患病或非因公负伤，医疗期满后，不能从事原工作并且也不能从事公司另行安排的工作。
5. 不能胜任，经培训或调整岗位仍不能胜任工作的。
6. 双方协商同意解除劳动合同。
7. 其他。

××公司人力资源部（盖章）
日期：

九、终止（解除）劳动合同证明书

终止（解除）劳动合同证明书

本公司与×××签订的劳动合同，依据_____，于_____年____月____日终止（解除）劳动合同关系。

经办人：
日期：

终止（解除）劳动合同证明书

本公司与×××签订的劳动合同，依据_____，于_____年____月____日终止（解除）劳动合同关系。

（部门盖章）：
（存入员工档案）日期：

终止（解除）劳动合同证明书

×××：
本单位与你签订的劳动合同，依据_____，于_____年____月____日终止（解除）劳动合同关系。

（公司盖章）：
日期：

十、劳动合同管理台账

劳动合同管理台账

编号	姓名	合同期限 起	合同期限 止	员工签名及日期	合同变更 变更原因	合同变更 变更条款	员工签名及日期	合同续签 起	合同续签 止	员工签名及日期

十一、员工申诉书

员工申诉书

部门		组别		职务		姓名	
入职时间				申诉时间			
申诉事由（请按时间、地点、相关人、事情经过、造成结果、申诉理由填写）	申诉人签字： 日期：							
班、组意见	签字： 日期：							
部门经理意见	签字： 日期：							
人力资源部意见	签字： 日期：							
总经理意见	签字： 日期：							

十二、员工座谈会月问题改善跟进表

员工座谈会月问题改善跟进表

各位负责人：

　　大家好！员工座谈会结束已快一个月了，为了让员工更信任我们，我们有责任给员工正式地回复实施处理结果，因此请各位负责人填写是否完成，以便公告周知。

序号	意见内容	回复人	回复内容	已完成，完成时间	未完成，预计完成时间	确认人

核准：　　　　　　　　　审核：　　　　　　　　　呈核：

十三、员工满意度调查问卷

员工满意度调查问卷

尊敬的××女士/先生：

　　非常感谢你在百忙之中抽出时间填写我们的调查问卷。

　　本问卷的调查目的是进行员工满意度及其影响因素的实证研究，问卷的调查结果仅限于学术研究，不涉及商业用途，我们将对问卷及贵公司提供的所有信息保密。

　　再一次感谢你的合作！

第一部分　基本信息

1. 性别
　　A. 男　　　　　　B. 女
2. 年龄
　　A. 20~30岁　　B. 31~40岁　　C. 41~50岁　　D. 50岁以上
3. 在本公司工作的时间
　　A. 1~5个月　　B. 6个月~1年　　C. 1~3年　　D. 4~10年　　E. 10年以上
4. 本人的最高学历
　　A. 大专　　　　B. 本科　　　　C. 硕士　　　　D. 博士　　　　E. 其他
5. 在公司的职位级别
　　A. 一般员工　　B. 基层管理人员　　C. 中层管理人员　　D. 高层管理人员

第二部分　调查内容

1. 你对工资收入是否感到满意？
　　A. 非常满意　　B. 基本满意　　C. 不确定　　D. 不满意　　E. 极度不满意
2. 你对加班工资的计算与给付是否感到满意？
　　A. 非常满意　　B. 基本满意　　C. 不确定　　D. 不满意　　E. 极度不满意

（续）

3. 公司奖金的计算与给付是否合理？
   A. 非常合理　　　B. 基本合理　　　C. 不确定　　　D. 不合理　　　E. 极度不合理
4. 你对福利待遇是否感到满意？
   A. 非常满意　　　B. 基本满意　　　C. 不确定　　　D. 不满意　　　E. 极度不满意
5. 你对公司的社会保险是否感到满意？
   A. 非常满意　　　B. 基本满意　　　C. 不确定　　　D. 不满意　　　E. 极度不满意
6. 你认为公司的薪酬系统是否合理？
   A. 非常合理　　　B. 基本合理　　　C. 不确定　　　D. 不合理　　　E. 极度不合理
7. 你对假期制度和假期安排是否感到满意？
   A. 非常满意　　　B. 基本满意　　　C. 不确定　　　D. 不满意　　　E. 极度不满意
8. 你在工作中是否感到有乐趣？
   A. 时时有　　　　B. 偶尔有　　　　C. 不确定　　　D. 没有　　　　E. 肯定没有
9. 你是否感到工作有成就感？
   A. 肯定有　　　　B. 有时有　　　　C. 不确定　　　D. 没有　　　　E. 肯定没有
10. 你是否感到被公司尊重与关怀？
    A. 肯定有　　　　B. 有时有　　　　C. 不确定　　　D. 没有　　　　E. 肯定没有
11. 在工作中，你有朋友吗？
    A. 肯定有　　　　B. 有时有　　　　C. 不确定　　　D. 没有　　　　E. 肯定没有
12. 你的个人能力及特长是否得到了发挥？
    A. 绝对得到发挥　B. 基本得到发挥　C. 不确定　　　D. 没有得到发挥
    E. 肯定没有得到发挥
13. 你认为公司的职位与权力是否相对应？
    A. 非常对应　　　B. 基本对应　　　C. 不确定　　　D. 不对应　　　E. 极度不对应
14. 你在工作中有威信与影响力？
    A. 非常有　　　　B. 基本有　　　　C. 不确定　　　D. 没有　　　　E. 极度没有
15. 在日常工作中，你经常受到表扬与鼓励吗？
    A. 经常有　　　　B. 偶尔有　　　　C. 不确定　　　D. 没有　　　　E. 肯定没有
16. 你经常参加培训吗？
    A. 经常参加　　　B. 偶尔参加　　　C. 不确定　　　D. 很少培训　　E. 没有培训
17. 你是否常获得本公司给予的机遇？
    A. 经常得到　　　B. 偶尔得到　　　C. 不确定　　　D. 很少得到　　E. 肯定没有得到
18. 你的晋升机会多吗？
    A 非常多　　　　B. 基本有　　　　C. 不确定　　　D. 没有　　　　E. 极度没有
19. 你的专业知识和社会知识在不断进步吗？
    A. 非常大的进步　B. 基本有进步　　C. 不确定　　　D. 没有进步　　E. 极度没有
20. 你对你的社会地位感到满意吗？
    A. 非常满意　　　B. 基本满意　　　C. 不确定　　　D. 不满意　　　E. 极度不满意
21. 你对你的工作能力提升感到满意吗？
    A. 非常满意　　　B. 基本满意　　　C. 不确定　　　D. 不满意　　　E. 极度不满意
22. 你经常获得物质或金钱奖励吗？
    A. 经常获得　　　B. 有时获得　　　C. 不确定　　　D. 很少获得　　E. 根本没有
23. 公司评比优秀员工的方法是否合理？
    A. 非常合理　　　B. 基本合理　　　C. 不确定　　　D. 不合理　　　E. 极度不合理
24. 公司制定的处罚制度是否合理公正？
    A. 非常合理公正　B. 基本合理公正　C. 不确定　　　D. 不合理不公正　E. 极度不合理不公正
25. 记过、降级或降职的处罚规定是否合理？
    A. 非常合理　　　B. 基本合理　　　C. 不确定　　　D. 不合理　　　E. 极度不合理
26. 你认为公司上下班时间的安排是否合理？
    A. 非常合理　　　B. 基本合理　　　C. 不确定　　　D. 不合理　　　E. 极度不合理
27. 你认为公司休息时间的规定是否合理？
    A. 非常合理　　　B. 基本合理　　　C. 不确定　　　D. 不合理　　　E. 极度不合理
28. 你认为公司的加班制度是否合理？
    A. 非常合理　　　B. 基本合理　　　C. 不确定　　　D. 不合理　　　E. 极度不合理

（续）

29. 你认为公司的请假制度是否合理？
　　A. 非常合理　　　B. 基本合理　　　C. 不确定　　　D. 不合理　　　E. 极度不合理
30. 你认为目前工作的资源配置充裕吗？
　　A. 非常充裕　　　B. 基本充裕　　　C. 不确定　　　D. 不充裕　　　E. 极度不充裕
31. 你认为当前工作的资源配备适宜吗？
　　A. 非常适宜　　　B. 基本适宜　　　C. 不确定　　　D. 不适宜　　　E. 极度不适宜
32. 你对公司资源配置的效率感到满意吗？
　　A. 非常满意　　　B. 基本满意　　　C. 不确定　　　D. 不满意　　　E. 极度不满意
33. 你对公司固定资产的管理感到满意吗？
　　A. 非常满意　　　B. 基本满意　　　C. 不确定　　　D. 不满意　　　E. 极度不满意
34. 你对公司新设备的配置感到满意吗？
　　A. 非常满意　　　B. 基本满意　　　C. 不确定　　　D. 不满意　　　E. 极度不满意
35. 你对公司新技术的运用感到满意吗？
　　A. 非常满意　　　B. 基本满意　　　C. 不确定　　　D. 不满意　　　E. 极度不满意
36. 你对你的工作环境感到舒适吗？
　　A. 非常舒适　　　B. 基本舒适　　　C. 不确定　　　D. 不舒适　　　E. 极度不舒适
37. 你在工作中是否感到便捷、方便？
　　A. 非常便捷、方便　　　　　B. 基本便捷、方便　　　　　C. 不确定
　　D. 不便捷、不方便　　　　　E. 极度不便捷、不方便
38. 你与同事之间的沟通与交流状况如何？
　　A. 非常畅顺有效　B. 基本畅顺有效　C. 不确定　　　D. 难沟通　　　E. 极度难沟通
39. 你对同事之间的人际关系状况是否感到满意？
　　A. 非常满意　　　B. 基本满意　　　C. 不确定　　　D. 不满意　　　E. 极度不满意
40. 你对同事之间的工作配合与协作是否感到满意？
　　A. 非常满意　　　B. 基本满意　　　C. 不确定　　　D. 不满意　　　E. 极度不满意
41. 你在工作中经常获得新的信息并分享到别人的经验吗？
　　A. 经常有　　　　B. 有时有　　　　C. 不确定　　　D. 没有　　　　E. 从来没有过
42. 你觉得目前公司员工的士气与心态是：
　　A. 非常高昂，心态非常好　　　B. 基本高昂，心态一般　　　C. 不确定
　　D. 不好　　　　E. 极度不好
43. 公司对舆论的控制及导向，你是否感到满意？
　　A. 非常满意　　　B. 基本满意　　　C. 不确定　　　D. 不满意　　　E. 极度不满意
44. 你认为公司的团队精神如何？
　　A. 非常强　　　　B. 基本可以　　　C. 不确定　　　D. 不强　　　　E. 非常差
45. 你对自己及周围同事的工作质量是否感到满意？
　　A. 非常满意　　　B. 基本满意　　　C. 不确定　　　D. 不满意　　　E. 极度不满意
46. 你对你和周围同事的工作效率评价如何？
　　A. 非常高　　　　B. 基本可以　　　C. 不确定　　　D. 较低　　　　E. 非常低
47. 你对公司的成本控制和管理感到满意吗？
　　A. 非常满意　　　B. 基本满意　　　C. 不确定　　　D. 不满意　　　E. 极度不满意
48. 你和周围同事在工作过程中的计划性和条理性如何？
　　A. 计划和条理性非常强　　　　B. 基本有计划和条理性　　　C. 不确定
　　D. 没有计划和条理性　　　　　E. 肯定没有
49. 你和周围同事的工作责任感及能动性如何？
　　A. 非常强　　　　B. 基本有　　　　C. 不确定　　　D. 没有　　　　E. 极度没有
50. 在工作中，员工们工作的灵活性与技巧是否常常体现出来？
　　A. 经常　　　　　B. 偶尔　　　　　C. 不确定　　　D. 没有　　　　E. 极度没有
51. 你对公司召开会议的有效性及作用的评价如何？
　　A. 有非常好的作用　　　　　B. 基本有作用　　C. 不确定　　　D. 没有作用
　　E. 极度没有作用
52. 你觉得公司大多数同事的品格及修养如何？
　　A. 非常好　　　　B. 基本可以　　　C. 不确定　　　D. 不好　　　　E. 极度不好

（续）

53. 你认为公司同事的观念是否跟上了时代步伐？
    A. 完全跟上了时代　　　　B. 基本上跟上了时代　　　　C. 不确定
    D. 没有跟上时代　　　　　E. 完全没有跟上时代
54. 你对公司大多数同事的学识水平及经验的看法如何？
    A. 非常丰富　　B. 基本可以　　C. 不确定　　D. 不丰富　　E. 非常一般
55. 你对你个人的能力表现感到满意吗？
    A. 非常满意　　B. 基本满意　　C. 不确定　　D. 不满意　　E. 极度不满意
56. 你对公司的管理创新及改进方面的工作是否感到满意？
    A. 非常满意　　B. 基本满意　　C. 不确定　　D. 不满意　　E. 极度不满意
57. 你对公司管理的连续性和稳定性感到满意吗？
    A. 非常满意　　B. 基本满意　　C. 不确定　　D. 不满意　　E. 极度不满意
58. 你认为公司组织机构的设置是否合理？
    A. 非常合理　　B. 基本合理　　C. 不确定　　D. 不合理　　E. 极度不合理
59. 你对公司的用人机制感到满意吗？
    A. 非常满意　　B. 基本满意　　C. 不确定　　D. 不满意　　E. 极度不满意
60. 你对公司的监察机制感到满意吗？
    A. 非常满意　　B. 基本满意　　C. 不确定　　D. 不满意　　E. 极度不满意
61. 你对公司管理人员的管理才能感到满意吗？
    A. 非常满意　　B. 基本满意　　C. 不确定　　D. 不满意　　E. 极度不满意
62. 你对公司管理人员的管理艺术感到满意吗？
    A. 非常满意　　B. 基本满意　　C. 不确定　　D. 不满意　　E. 极度不满意
63. 在工作中，你觉得管理人员的情感管理明显吗？
    A. 非常明显　　B. 基本明显　　C. 不确定　　D. 不明显　　E. 极度不明显
64. 你对公司管理人员管理工作的有效性感到满意吗？
    A. 非常满意　　B. 基本满意　　C. 不确定　　D. 不满意　　E. 极度不满意
65. 你是否同意"当发现问题时，管理者总能够和当事人进行有效的沟通"这一讲法？
    A. 非常同意　　B. 同意　　　　C. 不确定　　D. 不同意　　E. 极度不同意
66. 你对公司的制度建设感到满意吗？
    A. 非常满意　　B. 基本满意　　C. 不确定　　D. 不满意　　E. 极度不满意
67. 你觉得公司各项规章制度的制定是否足够？
    A. 非常足够　　B. 基本够　　　C. 不确定　　D. 不够　　　E. 远远不够
68. 你对公司各种制度的实施感到满意吗？
    A. 非常满意　　B. 基本满意　　C. 不确定　　D. 不满意　　E. 极度不满意
69. 对你来说，你对公司有认同感及归属感吗？
    A. 非常有　　　B. 基本有　　　C. 不确定　　D. 没有　　　E. 极度没有
70. 你对公司提倡的企业精神与价值观的看法如何？
    A. 非常好　　　B. 基本认同　　C. 不确定　　D. 不认同　　E. 极不认同
71. 你对公司文体、娱乐活动的安排感到满意吗？
    A. 非常满意　　B. 基本满意　　C. 不确定　　D. 不满意　　E. 极度不满意
72. 员工生日及节假日时，你对公司的慰问工作感到满意吗？
    A. 非常满意　　B. 基本满意　　C. 不确定　　D. 不满意　　E. 极度不满意
73. 公司是否提供报纸、图书杂志供大家学习和了解新信息？
    A. 肯定有　　　B. 有时有　　　C. 不确定　　D. 没有　　　E. 从来没有
74. 你对公司内部宣传工作感到满意吗？
    A. 非常满意　　B. 基本满意　　C. 不确定　　D. 不满意　　E. 极度不满意
75. 公司对合理化建议的处理和态度你感到满意吗？
    A. 非常满意　　B. 基本满意　　C. 不确定　　D. 不满意　　E. 极度不满意
76. 你对公司处理客户投诉的原则和态度是否感到满意？
    A. 非常满意　　B. 基本满意　　C. 不确定　　D. 不满意　　E. 极度不满意
77. 你觉得客户对公司的信心及满意度如何？
    A. 非常满意　　B. 基本满意　　C. 不确定　　D. 不满意　　E. 极度不满意
78. 公司的服务质量状况现在是一个什么样的水平？
    A. 非常高　　　B. 较高　　　　C. 不确定　　D. 低　　　　E. 非常低

（续）

79 你对企业的发展远景及未来展望有信心吗？
　　A. 非常有信心　　B. 基本有信心　　C. 不确定　　D. 怀疑　　E. 很悲观
80. 目前公司的经济指标完成状况怎么样？
　　A. 非常好　　B. 较好　　C. 不确定　　D. 不好　　E. 恶劣

非常感谢你完成这份调查表！
不知你是否有一些我们未在调查表中列出的观点需要表达，如果有，请把它们写在答题纸上。